고민해결의 실마리를 찾아가는

반전 동화

반전동화

지은이 우에사카 도루
옮긴이 장윤정

나무한그루

| 들어가며 |

동화와 옛날이야기의 진짜 교훈은 무엇일까?

본격적인 이야기를 시작하기 전에 먼저 여러분께 질문 하나를 던진다.

"어느 한 분야에서 특출하게 성공하거나 인생이 잘 풀리는 사람들의 공통점은 무엇이라고 생각하는가?"

나는 20년 이상 글 쓰는 일을 업으로 해오면서 이른바 성공한 사람들 3천명 이상을 만나고 취재했다. 기업가, 경영자, 과학자, 영화감독, 운동선수, 작가, 탤런트 등등 …….

각계각층의 성공한 사람들의 이야기를 들으면서 확신한 것이 하나 있다. 지금까지 당연한 일로 알고 있는, 상식이란 이름으로 세상에 넘쳐나는 사실들 중에는 근거 없는 것들이 허다하다는 점과 또 일류라 불리는 사람들은 대부분 이러한 상식과는 동떨어진 사고를 지니고 살아가고 있다는 것이다.

사람들은 대부분 자신도 모르는 사이에 세상의 상식을 당연하다는 듯 그대로 받아들이며 살아간다. 가정과 학교에서의 교육,

혹은 친구가 별 의미 없이 무심코 내뱉은 말에 의해서도 학습화되고 있는 것이다. 이렇게 학습된 사고는 차츰 각자의 머릿속에 침투해 이윽고 견고한 상식으로 자리잡는다. 그런 과정을 반복하면 이후 상식의 틀에서 벗어나는 일은 결코 쉽지 않게 된다.

어렸을 때 반복해서 읽거나 들었던 동화나 옛날이야기도 이처럼 우리의 사고 속에 견고한 상식을 만든 하나의 토대가 아니었을까?

이솝이야기, 안데르센동화, 그림동화, 전래동화 등 다양한 이야기를 기억하는 과정에서 우리는 자연스럽게 교훈이 될 만한 것과 상식 같은 것들을 배우게 된다. 하지만 누구나 알고 있는 교훈이 실제 사회생활에서 과연 얼마나 도움이 되는 것일까? 이런 점을 재검토하고 다시 생각해보자는 것이 이 책을 쓴 취지이다.

토대가 견고하면 견고할수록 그것을 무너뜨렸을 때 더 큰 한 발을 내딛을 수 있을지 모른다. 동화에 대한 새로운 해석은 내가 취재에서 느낀 성공한 사람들의 긍정적인 '상식 깨기'를 본받기 위한 최적의 사고 트레이닝이 될 것이다.

제1장에서는 외국의 동화로부터, 제2장에서는 일본의 옛날이야기로부터 누구나 알고 있는 이야기를 소재로 대담한 해석을 시도했다. 게다가 이 책에는 또 하나의 큰 테마가 있다. 별로 알려지지 않은 동화로부터 영감을 얻는 것이다. 동화와 옛날이야

기 보따리를 풀면서 나는 조금 놀랐다. 내가 성공한 사람들을 취재하면서 느꼈던 비슷한 깨달음이 내가 잘 몰랐던 동화로부터 그대로 전해졌기 때문이다.

제3장에서는 평소의 습관을 바꿔주는 동화를, 제4장에서는 인간관계를 다시 생각해 보는 데 도움이 되는 동화를, 제5장에서는 마음가짐을 바꿔주는 동화를 각각 7개씩 엄선했다. 이러한 이야기를 아는 것만으로 교양이 되고, 해석에 따라서는 사업상 당장 활용할 수 있는 좋은 처방전이 될 수도 있을 것이다.

어쩌면 여전히 단순하고 새로울 것이 없는 이야기일 수 있지만 선입관을 가지지 않고 필자의 시선과 이야기에 귀를 기울이다보면 한번쯤은 마음속에 깊은 울림을 느끼게 될 것이다.

자, 이제부터 비즈니스맨을 위한 동화 세계를 마음껏 즐기시기 바란다.

chapter

CHAPTER 1

발상의 전환을 이끄는 7가지 이야기

누구나 알고 있는 동화를 '거꾸로' 읽다

CHAPTER 2

사고력을 키워주는 7가지 이야기

옛날이야기에서 배우는 진짜 교훈

CHAPTER 3

습관을 바꿔주는 7가지 이야기

동화를 통해 자신을 돌아보다

CHAPTER 1

발상의 전환을 이끄는 7가지 이야기

누구나 알고 있는 동화를 '거꾸로' 읽다

❶

토끼와 거북이

상대를 보지 말고 목표를 보라

평소에 느리다고 토끼에게 늘 무시당하던 거북이가 말했다

“당신의 발이 빠를지 몰라도 만약 경주를 한다면 내가 이길 거예요.”

“말로 -드는 거야 누군들 못해. 그렇게 자신 있으면 당장 시합해 보자고!”

토끼가 응수했다.

이렇게 해서 토끼와 거북이는 여우에게 심판을 맡기고 경주를 시작했다. 거북이는 조금도 쉬지 않고 열심히 목표를 향해 달려갔다. 한편 토끼는 자신이 빨리 뛴다는 것을 믿고 방심한 탓에 도중에 낮잠을 자고 만다. 뒤늦게 목표 지점에 도착했을 땐 이미 거북이가 먼저 도착해 있었다.

타고난 재능만을 믿고 방심하다가 일을 그르치는 사람들이 있다. 반대로 재능은 부족하지만 성실하고 열정적인 사람이 재능을 타고난 사람을 뛰어넘는 일도 적지 않다.

서로 다른 것을 보았던 토끼와 거북이

이 이야기를 모르는 사람은 아마 없을 것이다.

달리기를 잘 하는 토끼는 누가 먼저 목표 지점에 빨리 도착할 것인가를 겨루는 시합에서 자신이 질 리가 없다고 방심했다. 한편 거북이는 느리기는 하지만 한발 한발 꾸준히 앞으로 나아가 발이 빠른 토끼를 이길 수 있었다.

능력이 있다고 방심해서는 안 된다. 또한 타고난 능력이 부족하더라도 성실하게 꾸준히 노력하다보면 능력 있는 사람들을 이길 수도 있다.

어느 날, 취재 때문에 만난 연배가 있는 전 기업인에게 갑자기 이런 질문을 받았다.

"우에사카 씨, 토끼가 왜 거북이에게 졌는지 아십니까?"

"그건 토끼가 방심해서 중간에 낮잠을 잤기 때문 아닌가요?"

"다들 그런 식으로 말하지만 사실은 조금 다릅니다. 그러면 도대체 토끼는 왜 낮잠을 잤다고 생각합니까?"

무슨 이야기를 하는지 도무지 알 수가 없었다. 이 이야기는 너무나 유명해서 솔직히 깊게 생각해 본 적이 없었기 때문이다.

그의 말에 따르면 토끼와 거북이는 '보는 관점'이 달랐다고 한다. 그리고 그 점이 경주의 결과를 판가름지었다는 것이다. 토끼는 오로지 경주 상대인 거북이만을 보고 있었다. 그렇기 때문에 자기보다 느린 거북이를 보고 낮잠을 자 버린 것이다.

그러면 거북이는 무엇을 보고 있었을까?

거북이는 경주 상대인 토끼를 보고 있지 않았다. 그래서 토끼가 낮잠을 자고 있는 것을 보고도 쉬지 않고 계속 나아갈 수 있었다. 거북이가 보고 있었던 것은 오로지 하나, 목표 지점이었던 것이다.

주변에 휘둘리지 말고 오로지 목표를 주시하라

어째서 거북이는 토끼를 이길 수 있었을까?

거북이는 오로지 목표 지점만을 보고 있었기 때문이다.

그러면 토끼는 왜 거북이에게 졌을까?

토끼는 목표 지점이 아닌 거북이만을 보고 있었기 때문이다.

즉, 목표가 무엇인지 확실히 파악하고, 경쟁 상대에 휘둘리지

목표
No!

않고 오로지 목표만을 바라보는 것이 그만큼 중요하다는 말이다. 시합의 본질을 정확히 파악해야 한다.

인생이 잘 풀리는 사람과 좀처럼 잘 풀리지 않는 사람이 있다.

회사에서 출세해서 좀 더 높은 직책을 차지하는 것도 하나의 목표가 될 수 있다. 그 직책을 얻는 사람과 좀처럼 얻지 못하는 사람은 무엇이 다를까? 쉽게 말하면 출세경쟁이라고 할 수 있는데, 이것을 토끼와 거북이의 경주에 비유한다면 어떨까?

출세경쟁에서 이기기 위해 오로지 라이벌을 주시하며 일하는 사람과, 회사를 좀 더 나은 조직으로 만들기 위해 노력하는 사람이 있다고 치자. 이 경우에 목표는 무엇일까? 회사 내의 라이벌을 이기는 것이 목표일까? 여기에서 목표는 라이벌을 이기는 게 아니라 실적이라는 성과를 내는 것이다. 그럼에도 불구하고 자기가 먼저 출세하기 위해 경쟁상대만을 신경 쓴다면 어떻게 될까? 오로지 출세하는 것에만 온 신경이 가 있다면? 경쟁상대에 휘둘리느라 사내 분위기조차 망친다면?

비즈니스 거래나 상품 개발에서도 마찬가지이다. 원래 집중해야할 목표는 '고객'이고, '고객이 바라는 것'이다. 그런데도 경쟁상대가 무엇을 하고 있는지, 무엇을 만들고 있는지에만 신경 쓴다면 고객을 이롭게 하는 일을 한다는 원래의 목표를 망각하게 된다.

인생에 있어서도 쓸데없이 주변에 휘둘리는 사람이 있다. '나는 이런데 저 사람은 저렇다. 저 사람은 저런 식인데 나는 이렇다.' 와 같이 온통 주변에만 신경을 쓰는 것이다. 하지만 그렇게 비교해 본들 결코 목표에 도달할 수 없다.

'토끼와 거북이' 이야기의 핵심 교훈은 '주변 상황에 휘둘리지 말고 목표를 주시하라.', '본질을 확실히 파악하라.'이다. 이것을 제대로 이해한다면, 인생을 새로운 관점으로 바라볼 수 있다.

'목표'를 정하지 않으면 표류할 수밖에 없다

인생이라는 경주에서도 중요한 것은 역시 목표를 확실히 설정했는지 여부이다. '자신은 도대체 어디로 가고자 하는가?'란 물음에 정확히 답을 할 수 있는가? 사람들 중에 자신의 '인생의 목표'에 대해 제대로 생각하고 있는 사람은 얼마나 될까?

정확한 목표가 없다면 주변상황에 쉽게 휘둘리게 된다. 주시해야 할 목표가 없을 땐 주변상황만 눈에 들어오기 때문이다. 토끼가 목표를 보지 않고 거북이만 본 것처럼 오로지 주변상황만 보일 뿐이다.

그런 의미에서 사실상 거의 대부분의 사람들이 특별한 목표도 없이 인생을 살아가고 있는지도 모를 일이다. 그래서 항상 다른 사람과 주변 환경에 휘둘리며 살아가는 것은 아닌지!

경영의 일선에서 물러난 전직 경영인은 이렇게 말한다.

'목표가 없다는 것은 목적도 없고 목적지도 없는 항해를 위해 바닷가 한가운데에서 노를 젓는 거나 마찬가지다."

따라서 그들을 기다리고 있는 미래 또한 표류거나 난파일 것이라고!

인생도 마찬가지이다. 목표=인생의 목적, 인생의 목적지를 머릿속에 그리고 있지 않으면 인생이라는 항해에서 표류하고 난파당할 가능성이 높다.

'어떻게 살 것인가'에 대해 쓴 책은 많이 있다. 하지만 사실 중요한 것은 '무엇을 위해 살 것인가'가 아닐까? 여러분은 무엇으로 세상에 공헌할 것인가? 미래에 어떤 모습으로 살고 싶은가? 어떤 사명을 가지고 살고 있는가?

'토끼와 거북이' 이야기는 이와 같은 인생의 본질을 생각하게 해준다.

현실에는 노력하는 토끼들이 많다

다른 취재에서 토끼와 거북이에 대한 또 다른 흥미로운 이야기를 들었다.

"나는 원래 이 동화 자체를 별로 좋아하지 않아요. 다른 이유는 제쳐두더라도 현실성이 결여되어 있어서요. 왜냐하면 낮잠을 자지 않고 열심히 뛰고 있는 토끼들이 얼마나 많은데요."

한 전문직 여성이 들려 준 얘기이다.

거북이가 토끼를 이길 수 있었던 것은 토끼가 방심해서 낮잠을 자느라 경주에 태만했기 때문이다. 하지만 토끼가 태만하게 굴지 않고 그대로 목표를 향해 달려갔었다면 어땠을까? 거북이에게 과연 승리가 돌아갈 수 있었을까?

동화에서는, 원래 능력은 있으나 방심한 탓에 승리를 놓친 토끼를 경계하고 있다. 하지만 현실에는 노력하는 토끼들이 생각보다 많다.

그녀는 노력을 하지 않고 승리할 수 있는 선택지는 어떤 경우에도 없다고 말했다.

단, 토끼가 이길지 거북이가 이길지는 사실상 인생의 막바지에 이르러서도 알 수 없다. 각자가 정한 목표에 뛰어든 사람만이 각자 자신만의 승리를 거둘 수 있을 테니까!

2

개미와 베짱이

여름을 즐길 것인가, 겨울을 준비할 것인가

겨울이었다. 개미가 젖은 곡식을 말리고 있는데, 베짱이가 다가와서 먹을 것을 좀 나눠달라고 말했다.

"당신은 왜 여름 동안 곡식을 저장해 놓지 않은 거예요?"

개미가 묻자 베짱이는 이렇게 대답했다.

"그럴 틈이 없었어요. 노래 부르느라 바빴으니까요."

베짱이가 그늘에서 노래만 부르고 있었던 그 여름에 개미는 땡볕이 내리쬐는 밭에서 헉헉거리며 곡식을 모으고 있었다. 베짱이는 그런 개미에게 이렇게 즐거운 여름에 왜 맨날 일만 하고 있느냐고 물었고, 개미는 이렇게 대답했었다.

"겨울에 먹을 곡식을 준비할 시간이 지금밖에 없잖아요."

나중에 닥칠지도 모를 슬픔과 위험에 대비해서 만반의 준비를 해야 한다.

개미는 정말 행복한 걸까?

이 이야기의 교훈은 '놀기만 하면 나중에 힘들어진다, 불안한 미래를 위해 지금 열심히 준비하고 부지런히 일해야 한다.'와 같은 것이다. 이 교훈은 이미 너무나 당연한 이야기로 굳어져서 여기에 반발하는 의견을 찾아보기 어렵다.

그런데 한 가지 신경 쓰이는 부분이 있다.

'지금 당장 놀고 싶은 것을 참고 부지런히 일해서 미래를 준비한다면 나중에 반드시 행복해질 수 있을까?'

안타깝게도 그런 보장은 어디에도 없다. '개미와 베짱이' 이야기에서 범하기 쉬운 오류는 '참고 일하는 것만이 정답이고 즐기는 것은 잘못된 것이다.'와 같은 지극히 단순한 구도에 빠질 수 있다는 것이다. 실제로 이 이야기에서는 놀고 있는 베짱이를 한심하게 그리고 있는데 정말로 베짱이는 그렇게 비난받아 마땅한 존재일까?

개미는 겨울이 와도 아무런 걱정이 없도록 여름 내내 완벽하게 겨울을 대비했다. 겨울까지 살아서 되돌아 본다면 '여름 내내 즐기기보다는 부지런히 먹을 것을 준비해둬서 다행이었다.'

라는 생각에 열심히 일한 보람도 있을 것이다. 하지만 겨울이 오기도 전에 만약 개미가 죽게 된다면 어떨까?

확실히 겨울이 시작된 시점에서 보면 베짱이는 힘든 상황에 처하겠지만 여름 동안에는 누구보다 즐겁고 행복한 나날을 보낸 베짱이였다. 그럼에도 불구하고 즐겁고 행복하게 보낸 시간에 대해서는 전혀 초점을 맞추지 않는다. 먹을 것이 부족하더라도, 그래서 겨울이 되어 굶어죽었다고 하더라도 그 삶은 정말로 불행한 삶이었을까? 적어도 베짱이는 여름 내내 매일매일 마음껏 즐기며 행복하게 지냈다.

결론적으로 개미의 삶도 베짱이의 삶도 선택할 만한 것이 못 된다. 두 삶 모두 위험 부담이 너무 크기 때문이다.

단순 노동보다 기술과 시스템에 집중하라

한 경영자가 이런 이야기를 했다.

"계속 매출을 올리는 것은 중요하다. 하지만 더 중요한 것은 계속 매출을 올릴 수 있는 시스템을 만드는 것이다."

개미와 베짱이 이야기를 들으면, '곡물(소득)을 미리 비축해둬야겠구나!'라는 쪽으로 생각이 가기 쉽다. 하지만 아무리 비축해 봤자 겨울이 올 때마다 그 양이 줄어들어 언젠가는 바닥이 나 버린다. 곡물이 바닥나지 않게 하려면 더 부지런히 일해서 비축량을 늘리는 것밖에 방법이 없어 보인다. 여기에서 발상의 전환이 필요하다. 만약 개미가 '비축량을 계속 늘릴 수 있는 시스템'을 만들었다면 어떻게 되었을까?

예를 들면 평소보다 3배 이상 수확을 얻을 수 있는 도구를 만들거나, 가을이 오기 전에 수확할 수 있는 새로운 작물을 심거나, 팀을 짜서 교대로 먹을 것을 모으거나, 주 3일은 귀뚜라미에게 아르바이트를 시키거나 하는 새로운 시도를 할 수도 있지 않았을까! 회사에 비유하면 매출을 지속적으로 올릴 수 있는 시스템, 즉 비즈니스 모델을 개발하는 일이다. 사업가의 경우라면 보다 고도의 기술을 익히는 것, 혹은 그와 같은 기술을 손에 넣는 것이 그에 해당될 것이다.

우리는 '개미와 베짱이' 이야기에서 어느 한 쪽을 선택할 것이 아니라 양쪽 다 이룰 수 있는, '소득을 계속 창출해 낼 수 있는 기술의 습득'과 그런 발상의 전환을 배워야 하지 않을까?

돈이나 먹을 것은 쓰고 나면 그만이다. 하지만 제대로 익힌 기술은 평생 먹을 것과 돈을 만들어 준다.

저축만이 능사인가?

일본 속담에 '미리 대비해 두면 걱정이 없다.'라는 말이 있다.

실제로 일본인은 저축에 관한한 둘째가라면 서러울 만큼 저축을 좋아하는 민족으로 유명하다. 젊은 사람도 노후를 대비해 저축을 하는 사람이 많고, 특히 별다른 목적이 없는데도 돈을 저축하는 사람이 많다. 저축이 나쁘다는 얘기는 아니다. 하지만 눈앞에 있는 즐거움을 참아가면서까지 저축을 우선하고 있다면 얘기가 조금 달라진다.

취재 중에 한 교육 전문가가 이와 같은 놀라운 이야기를 했다.

"일본인은 죽을 때에 평균 약 3천만 엔의 유산을 남긴다."

사실 3천만 엔까지는 아니더라도 상당한 금액의 저축을 남기고 죽는 사람이 적지 않다고 한다. 어쩌면 이들이야말로 모든 것을 참아가며 겨울을 대비해 열심히 일만 했던 이 시대의 개미들이 아닐까? 도대체 그들은 무엇을 위해 그렇게 열심히 저축만 하다가 그것을 제대로 한번 써보지도 못하고 죽음을 맞이한 것일까.

아무리 모아도 불안감은 가시지 않는다

애초에 미래를 완벽하게 대비한다는 것은 지극히 어려운 일이다. 왜냐하면 자신이 몇 살까지 살게 될지 정확히 알 수 없기 때문이다. 얼마만큼 저축해 두면 좋을지에 대해서는 금융설계사조차 확실한 답을 내놓지 못한다. 아무리 저축을 많이 해도 그 불안감을 완전히 해소시킬 수는 없는 것이다.

신문이나 방송에서는 10억 원 정도 있으면 안심할 수 있다는 이야기를 떠들어대기도 하지만, 만약 우리가 100살까지 산다면 과연 그것으로 충분할까? 또 어떤 사람들은 집 한 채만 있어도 된다고들 하지만 정말 그것만으로 60세부터 40년간 걱정 없이 안심하고 살 수 있을까? 거기에 '천재지변이라도 일어나면 어떡하지?'라는 식의 막연한 걱정이 싹트기 시작하면 그 불안감은 끝이 없다. 그러다 보니 계속 돈을 저축하게 된다. 무조건 한 푼이라도 더 많이 모으는 것만이 미래에 대한 불안감을 해소하는 유일한 해결책인냥 저축에 목을 메게 되는 것이다.

하지만 앞서 놀라운 통계치를 말해주었던 그 전문가도 다음과 같이 말한다.

'사실은 아무리 저축을 해도 불안감은 가시지 않는다!'

그렇기 때문에 저축보다는 돈을 만들 수 있는 기술을 익혀야 할 것이다. 눈앞의 돈을 그냥 저축할 게 아니라 나중에 돈을 만들어 줄만한 것에 투자를 해야 한다. 예를 들면 재산을 늘려주는 투자에 대해 배우러 다니는 것도 한 방법이다. 큰 뭉치의 자산이 꾸준히 이익을 만들어 주는 방법을 배워야 한다. 돈을 만들어 주는 것에 돈을 써야 한다.

'돈에 대한 불안감은 아무리 저축을 해도 사라지지 않는다.'는 사실에 대한 또 하나의 대처법은 현재의 인생을 마음껏 즐기는 것이다. 베짱이의 좋은 점도 확실히 본받아야 한다.

나이를 먹을수록 좀처럼 돈을 쓸 수가 없다고 한탄한 어르신이 있었다. 함부로 돈을 쓰는 것에 대한 거부감도 있지만 그보다는 나이를 먹어갈수록 새로운 물건을 사고 싶은 구매욕구 자체가 점점 사라진다는 것이다.

쓰고 싶을 때 쓰고, 사고 싶은 것이 생겼을 때 주저하지 않고 살 수 있는 것도 큰 행복이다. 나이 들어서 기운도 떨어지고 아무런 의욕도 생기지 않을 때에는 후회밖에 남는 게 없다. 개미처럼 미래를 대비하며 열심히 살아야겠지만 때로는 베짱이처럼 즐길 수 있을 때 즐기는 법도 배워야 한다.

3

늑대와 거짓말쟁이 소년

믿지 않으면 모두 거짓말이 된다

양치기 소년은 아침 일찍부터 많은 양들을 이끌고 마을에서 멀리 떨어진 초원으로 향했다. 게으름을 피우지는 않았지만 매일 다람쥐 쳇바퀴 돌듯 반복되는 일상에 소년은 따분해서 죽을 지경이었다.

"뭐 재미있는 일 없을까?"

순간, 뭔가 번뜩이는 생각을 해낸 소년은 마을을 향해 달려가며 소리쳤다.

"늑대가 나타났다!"

이 소리에 마을 전체가 발칵 뒤집혔다. 놀라서 허겁지겁 달려온 마을 사람들은 늑대를 찾았지만 어디에도 늑대는 보이지 않았다. 고개를 갸웃거리며 마을로 돌아가는 마을 사람들의 뒷모습을 숨어서 보고 있던 소년은 너무 재밌어서 혼자 배꼽을 잡고 데굴데굴 굴렀다.

그리고 며칠 후, 무료함을 못 견딘 소년은 또다시 마을로 내려가 큰소리로 외쳤다.

"늑대다, 늑대가 나타났다!"

이번에도 마을 사람들이 일손을 멈추고 득달같이 달려 나왔다. 그 모습을 보며 양치기 소년은 킥킥 웃고 있었다.

"속았군, 그러고 보니 지난번에도 네놈 짓이었구나!"

뒤늦게 상황을 알아차린 마을 사람들은 화를 내며 돌아갔다.

다시 며칠의 시간이 지나갔다. 그날도 양치기 소년은 평소처럼 초원에 양떼를 풀어놓고 무료한 시간을 보내고 있었다. 그때 갑자기 늑대가 나타났다. 그것도 한두 마리가 아니라 떼를 지어 나타났다. 겁에 질린 양치기 소년은 부리나케 마을을 향해 내달리며 외쳤다.

"늑대다! 늑대가 나타났다. 이번에는 진짜로 늑대가 나타났어요!"

하지만 이번에는 마을사람들이 들은 체도 하지 않았다. 그러는 동안 결국 양들은 모두 늑대의 밥이 되고 말았다.

감정에 사로잡히면 중요한 판단을 그르친다

'늑대와 거짓말쟁이 소년'은 거짓말은 신뢰를 잃게 하고 자신의 가치를 떨어뜨린다는 교훈으로 잘 알려진 이야기이다. 소년이 거짓말을 한 것은 분명히 잘못이고, '거짓말을 해서는 안 된다.'는 매우 알기 쉬운 교훈이다.

하지만 정말 그렇게 단순한 이야기일까? 결말은 여러 설이 있지만 늑대가 마을의 양들을 다 잡아 먹었다는 설이 가장 널리 퍼져 있다. 양치기 소년을 믿지 못한 탓에 마을 전체가 큰 화를 당한 것이다.

여기에서 생각해 봐야 할 점은 양치기 소년의 거짓말에 당한 마을 사람들의 대응은 과연 적절했었는가 하는 점이다.

위기관리 전문가로부터 들은 말이 있다.

"가장 해서는 안 되는 일은 감정적으로 되는 일이다. 감정적으로 변하는 순간, 정상적인 판단을 할 수 없게 된다."

이 동화에서는 소년의 장난 때문에 마을 사람들이 화를 내고 감정적으로 대응한 것으로 나온다. 늑대가 마을에 나타나는 것은 마을 사람들에게는 재앙에 가까운 엄청난 손실을 의미한다. 그런데도 거짓말을 한 소년에 대한 분노에만 사로잡혀 그 손실에 대해서는 완전히 잊어버린 것이다.

이와 같은 일은 비즈니스 현장에서도 일어날 수 있다. 다루기 힘든 사람은 어디에나 존재한다. 거짓말을 하는 사람도 있다. 하지만 일시적인 감정적인 판단은 나중에 심각한 상황을 초래할 수 있다. '문제아'가 발언한 바른 소리에 귀 기울이지 않은 대가로 회사가 큰 거래처를 잃거나 엄청난 손실을 보게 되는 경우도 흔히 있는 일이다.

몇 번 거짓말을 했다는 이유로 믿을 수 없는 소년이라는 낙인을 찍고 무조건 비난하고 모든 것을 무시하고 넘어가는 것은 너무 위험한 일이다. 거짓말쟁이 소년에 대한 대처를 게을리 해서는 안 된다.

지금 내뱉는 말이 현실이 된다

다른 교훈도 있다.

양치기 소년은 거짓말을 해서 신용을 잃었다. 하지만 입이 화의 근원이 되어 주변으로부터 신뢰를 잃는 경우는 거짓말로 인한 것 외에도 다양하게 많이 있다.

한 작가의 말이다.

"사람은 자기가 한 말과 자기가 쓴 글귀 그대로 닮아간다."

부정적인 말을 쏟아 놓으면 언젠가 그 말 그대로 자신에게 되돌아온다. 위험은 평소에 습관처럼 쓰는 자신의 말 속에 도사리

좀 전의
네모습…
이게
나라구?

고 있다.

반대로 의식적으로 긍정적인 말을 쓰면 자신도 긍정적으로 변한다. '거울의 법칙'이라는 말이 있는데, 자신의 말과 행동은 그대로 자신에게 되돌아온다는 말이다. '괴롭다, 고통스럽다, 슬프다' 와 같은 말은 말 그대로 자신을 괴롭고 고통스럽고 슬픈 상황으로 몰아넣는다.

남에게 증오의 말을 던지는 사람은 그 말을 그대로 자신이 받게 된다. '누워서 침 뱉기'처럼 한 바퀴 돌아 그대로 자신에게 떨어진다. 놀랍게도 이런 일이 현실에서 정말 일어난다고 작가는 말한다. 그러므로 평소에 쓰는 말과 글도 항상 조심해야 한다. 가능하면 부정적인 말은 사용하지 않도록 하고, 자신에게 일어나길 원하지 않는 말은 단 한 번이라도 입에 담지 않는 것이 좋다. 그것만으로도 자신의 인생은 크게 바뀌게 될 것이다.

남의 욕, 남 탓은 자신의 신용을 떨어뜨린다

다른 사람을 욕하는 사람, 무엇이든 남 탓을 하는 사람은 스스로 화를 불러들이는 사람들이다.

한 심리학자에 의하면 사람들은 자신의 그런 행동이 남으로부터 신용을 잃게 한다는 것을 잘 알면서도 의외로 많은 사람들이 무심코 남의 욕을 하거나 남 탓을 한다고 한다. 본인이 눈앞에 없으니 뒤에서 하는 욕은 그 사람 귀에 안 들어갈 것이라고 착각하고 있는지도 모른다. 사소한 흉보기나 가벼운 농담, 소문 정도는 괜찮을 거라 생각하는 사람도 있다. 하지만 아무리 사소한 것이라도 눈앞에서 남의 욕을 대신 듣고 있는 사람은 어떤 기분일지 생각해 보아야 한다. '어쩌면 이 사람이 다른 사람 앞에서는 내 욕을 하고 다닐지도 몰라.' 이런 생각을 할 수도 있지 않겠는가.

욕과 흉보기의 대상이 된 당사자의 귀에 그 말이 들어가느냐 아니냐의 문제가 아니다. 남의 욕을 하는 행위 자체가 자신의 신용을 떨어뜨리는 것이다.

4

금도끼 은도끼

때로는 거짓말하는 게 나을 때도 있다

나무꾼이 숲 속 호수 근처에서 나무에 도끼질을 하다가 실수로 도끼를 호수에 빠뜨렸다.

"큰일이다! 도끼가 없으면 앞으로 뭘 해서 먹고 사나?"

막막해진 나무꾼은 호숫가에 넋을 놓고 앉아 있었다. 바로 그때 물속에서 백발에 하얀 옷을 걸친 신령님이 나타났다. 신령님은 나무꾼에게 번쩍이는 금도끼를 내밀며 물었다.

"이것이 네 도끼냐?"

"아뇨, 제 것이 아닙니다."

나무꾼이 정직하게 대답하자 신령님은 물 속으로 사라졌다가 다시 나타나 이번에는 은도끼를 내밀었다.

"그러면, 이것이 네 도끼냐?"

"아뇨, 그것도 제 것이 아닙니다."

신령님은 잔잔한 미소를 지으며 말했다.

"정직한 나무꾼이로구나! 네 쇠도끼는 물론이고 금도끼와 은도끼도 모두 너에게 주마."

이 이야기를 전해들은 동료 나무꾼은 그 길로 당장 숲으로 향했고 일부러 호수에 도끼를 집어던졌다. 그러자 정말 신령님이 금도끼를 들고 나타났다.

"이 도끼가 네 것이냐?"

"그렇습니다. 그 금도끼가 바로 제 것입니다."

"어리석은 놈, 너 같은 거짓말쟁이에게는 아무것도 줄 수 없다."

신령님은 욕심 많은 나무꾼을 크게 꾸짖은 뒤 그대로 물 속으로 모습을 감추었다. 거짓말쟁이 나무꾼은 자신의 소중한 쇠도끼마저 잃어버리게 된 것이다.

두 나무꾼은 불공평했다

정직한 사람은 신령님에게 상을 받고, 욕심 많은 거짓말쟁이는 신령님에게 꾸짖음을 받고 벌을 받는다.

지극히 알기 쉬운 이야기이다. 하지만 한 가지 마음에 걸리는 부분이 있다. 이 두 사람을 단순 비교하는 건 사실상 공평하지 않다. 왜냐하면 거짓말쟁이 나무꾼은 신령님이 나타나서 자기에게 금도끼를 내밀 것을 미리 알고 있었지만 정직한 나무꾼은 무슨 일이 벌어질지 전혀 모르는 상태에서 정직하게 대답을 한 것이다. 그로인해 정직한 나무꾼은 3개의 도끼를 다 손에 넣을 수 있었다. 하지만 만약 공평하게 둘 다 같은 조건이었다면 결과가 어땠을까? 두 사람 모두 신령님이 어떻게 나올지를 아예 모르거나 공평하게 알고 있는 상태에서 대응하도록 해야 비로소 어느 쪽이 진짜 정직한 사람인지를 제대로 판단할 수 있는 것이 아닐까.

정직함이란 무엇일까?

욕심 많은 나무꾼은 자신도 금도끼, 은도끼를 신령님에게 다 받게 될 것이라는 믿음이 있었다. 그래서 신령님이 내민 금도끼를 보고 망설임 없이 '그것은 제 것입니다.' 라고 대답했던 것이다. 그런 의미에서 보자면 거짓말쟁이 나무꾼도 적어도 스스로에게는 정직했다고 할 수 있지 않을까.

알고 있기 때문에 더 원하게 된다

한 아티스트가 재미있는 얘기를 해줬다. '꿈은 알고 있기 때문에 가질 수 있다.'는 것이다. 사실, 아는 게 없으면 꿈을 가질 수도 없다.

일본 프로야구에서 해외로 진출한 한 유명 선수가 만약 메이저리그의 존재를 몰랐다면 어땠을까? 모르긴 해도 메이저리그에 진출할 꿈은 전혀 가질 수도 없었을 것이다.

또, 어떤 사람이 자동차를 사고 싶다고 생각했다고 가정해보자. 자동차에 대해 자세히 알고 있다면 다양한 차종과 판매루트 등을 당장 자신의 구매 후보 명단에 넣을 수 있을 것이다. 하지만 차에 대해 잘 모르는 사람이라면 한정된 브랜드 정도밖에 떠오르지 않을 것이다.

누구나 자신이 속한 계층과 자신이 살고 있는 세계에 대해서는 잘 알고 있더라도 자신이 속한 곳보다 조금 높은 계층의 세계에 대해서는 대체로 잘 알지 못한다. 아는 게 많지 않으면 그만큼 선택도 제한될 수밖에 없다.

한 아티스트는 젊었을 때 자신이 원하는 꿈 100개를 적어보는 프로그램에 참가한 적이 있다고 한다. 하지만 그는 꿈을 30개 밖에 못 적었다고 한다. 아는 게 없었기 때문이다. 그때부터 그는 꿈은 지식이라고 생각하게 되었다고 한다. 지금은 잘 모르지만, 깜짝 놀랄만한 꿈이 어딘가에 숨어 있는지도 모른다. 아직 대면하지는 못했지만 언젠가는 알게 되고 그런 다음에는 반드시 가슴에 뜨겁게 품게 될 그런 꿈!

그런 점에서 금도끼를 손에 넣을 수 있다는 정보를 입수하고 거짓말을 해서라도 그것을 가지려했던 나무꾼의 마음을 조금은 다시 생각해볼 수도 있지 않을까?

지나치게 솔직해서 기회를 잃기도 한다

정직하다고 해서 반드시 큰 행운이나 기회가 따라오는 것은 아니다. 때로는 거짓말이 필요한 경우도 있다.

가령, 사업상 과분한 기회가 자신에게 찾아왔다고 가정해 보자. 나무꾼에 비유하자면 금도끼를 얻을 수도 있는 엄청난 기회가 찾아온 것이다. 당장 그 일을 제대로 성사시킬 자신은 없지만, 그럼에도 불구하고 할 수 있다고 그 기회를 받아들인다면 어떻게 될까? 물론 능력이 부족해서 일을 망치고 그로인해 더 큰 화를 부를 수도 있겠지만, 한편으론 자신의 업무수준을 한 단계 더 끌어 올리면서 멋지게 일을 성사시킬 수도 있다.

과연 어떤 태도가 올바른 것일까?

만약 그때 '제게는 무리입니다.'라고 솔직하게 대답한다면 그냥 그걸로 끝이다. 솔직하다고 해서 같은 기회가 두 번 주어지지는 않는다. 결과는 아무도 장담할 수 없지만, 실패도 성공도 일단 기회를 잡고 시도하는 자의 몫이다. 확실하게 할 수 있다고 대답했을 때 잡을 수 있는 기회가 있다. 다시 말해서 산신령이 어느 것이 네 도끼냐고 물었을 때, 당당하게 금도끼라고 대답해야만 그것을 자기 것으로 만들 수 있는 기회가 생길 수 있는 것이다.

다만 사악한 거짓말은 논외이다. 거짓말을 이용해 안이한 삶을 살려고 하거나 얌체같은 짓을 할 때, 또는 누군가에게 상처를 주려고 할 때에는 신이 반드시 그 불온한 의도를 알아차릴 테니까 말이다.

5

미운 오리새끼

제일 알기 힘든 것이 자기 자신이다

엄마 오리가 따뜻하게 품고 있던 알에서 차례차례 아기 오리가 태어났다. 그런데 마지막 알에서 나온 오리만 유독 몸집도 크고 털도 지저분한 회색빛을 띠고 있었다. 다른 아기 오리들과는 전혀 닮지 않은 모습이었다.

다른 오리새끼들은 이웃 오리들에게 귀여움을 받았지만 마지막에 태어난 오리새끼는 '몸집도 크고 이상하게 생겼네.', '너무 못생겼어.'라는 놀림을 당해야 했다. 모두에게 놀림을 받은 미운 오리새끼는 슬펐지만 다음날도 그 다음날도 모두에게 따돌림을 받았다. 닭들에게도 칠면조에게도 심지어 형제들에게조차! 하루도 조용할 날이 없자 드디어 엄마 오리까지도 미운 오리새끼에게 이렇게 말했다.

"너는 차라리 여기를 떠나는 게 좋겠구나."

그 말을 들은 미운 오리새끼는 가슴이 찢어질 것 같았다. 결국 그곳을 뛰쳐나온 미운 오리새끼는 가능하면 그곳에서 멀리 벗어나려고 쉬지 않고 걸었다. 아무도 없는 큰 늪에 이르렀을 때, 몸도 마음도 지칠 대로 지친 미운 오리새끼는 그 자리에 털썩 주저앉은 채 그대로 잠에 곯아떨어지고 말았다. 잠에서 깨어나 눈을 떠보니 온통 물오리들에 둘러싸여 있었다. 거기서도 미운 오리새끼는 괴롭힘을 당했다. 그리고 세상 어디에도 자신을 좋아하는 친구들이 없다는 생각과 함께 이제부터는 누구와도 어울리지 않고 혼자서 살아가겠다는 결심을 했다. 그렇게 혼자 지내면서 하마터면 개에게 잡힐 뻔한 일도 있었고, 고양이에게 쫓긴 적도 있었다. 미운 오리새끼의 고달픈 생활이 시작된 것이다.

그러던 어느 가을 저녁이었다. 미운 오리새끼는 크고 아름다운 새가 풀숲에서 일제히 날아오르는 모습을 지켜보며 혼잣말을 했다.

"세상에 저렇게 아름다운 새도 있구나!"

어느 새 추운 겨울이 찾아왔다. 미운 오리새끼는 꽁꽁 언 연못 속에 그대로 갇혀버리고 말았다. 다행히 지나가던 사람에 의해 극적으로 구출되어 그 사람의 집으로 가게 되었다. 하지만 매일같이 아이들이 쫓아다니는 바람에 그 곳에서도 오래 있지 못하고 뛰쳐나와야만 했다.

그리고 혼자서 쓸쓸히 추운 겨울 내내 덜덜 떨며 봄을 기다렸다. 그러던 어느 날, 미운 오리새끼는 겨드랑이가 간질간질한 느낌이 들어서 날개를 움직여 보았다. 마침 수풀 속에서 세 마리의 백조가 나타났다.

'저 새들 곁으로 가 봐야지!'

미운 오리새끼는 조심스럽게 백조들 가까이로 다가갔다. 그 순간, 물속에 비친 자신의 모습을 본 미운오리새끼는 깜짝 놀랐다. 물속에 비친 것은 예전의 미운 오리새끼가 아닌 자신이 그토록 부러워했던 백조의 모습이었다.

세 마리의 백조는 미운 오리새끼에게 다가와서 부리로 날개를 쓰다듬어주었다. 그 순간 온갖 괴롭고 힘들었던 지난 일들이 파노라마처럼 머릿속에 떠올랐다. 그때의 일이 떠오르자 지금의 이 행복이 더 소중하게 여겨졌다. 그리고 주변의 모든 것이 빛나 보였다.

'남과 다른 것'이 오히려 가치 있는 시대

괴롭고 고통스러운 상황이 계속되어도 결코 포기하지 않았던 미운 오리새끼! '마지막에는 해피엔딩이 기다리고 있을 테니까 힘내자.'와 같은 교훈을 생각하는 사람들이 많을 것이다.

나는
누구인가?
엄마~
전, 미운 오리
새끼인가요,
백조인가요?
응? 넌...
미우나 고우나
내 새끼!

미운 오리새끼가 괴롭고 고통스러운 상황에 처하게 된 이유는 다른 오리새끼들과 외모가 달랐기 때문이다. 단지 이질적이라는 이유만으로 거부당한 것이다. 하지만 지금 시대에는 완전히 정반대로 '남들과 다른 점'을 무엇보다 소중히 여긴다.

나는 만나 본 수많은 세계적 기업의 최고 경영자들은 하나같이 입을 모아 '다양성의 소중함'을 이야기했다. 각기 다른 가치관을 가진 다양한 집합체와 다양한 가치관에서 나오는 아이디어만이 지금의 시대를 극복할 수 있다는 것이다.

그런 의미에서 미운 오리새끼는 계속 미운 오리새끼로 존재하기를 바라야할지도 모르겠다.

남들의 의견에 맞추려고 애쓰기보다 자신만의 가치관을 찾아야 한다. 남들과는 다른 자기만의 의견을 당당히 말할 수 있도록 노력하는 한편, 자신과 다른 가치관과 의견에 대해서는 융통성 있게 받아들일 줄 아는 것이 중요하다.

다르다는 것은 괴로움과 고통스러움을 수반하는 것이 아님을 명심해야 할 것이다.

공동체 내의 집단따돌림 현상

한 뇌 과학자에 의하면 일본은 다른 나라보다 집단따돌림 현상이 일어나기 쉬운 환경이라고 한다. 거기에는 과학적 근거가 있었다.

농경민족이고 자연재해가 많은 일본에서는 살아남기 위해 '공동체'를 이루는 것이 중요시 되었다. 이렇게 만들어진 공동체 조직에 가장 위협이 되는 존재는 외부의 적이 아니었다. 외부의 적은 오히려 공동체를 일치단결시켜 더 결속시켜주기 때문이다. 그러면 공동체를 무너뜨릴 수 있는 위협적인 존재는 무엇일까? 그것은 공동체에 협력하지 않는 얌체 같은 내부의 인간이다. 그들은 공동체에 협력하지도 않을 뿐더러 남들이 다 하는 자기희생도 하지 않는다. 오로지 남들이 일구어놓은 것에 얌체같이 무임승차할 뿐이다. 이와 같은 사람이 있으면 공동체는 그 근간이 뿌리째 흔들리고 만다. 따라서 그 같은 내부의 적에 대해 제재를 가하거나 배제하려는 메카니즘이 저절로 작동하게 되고 그것이 집단따돌림 현상을 만든다는 것이다.

여기에서 무서운 것은 '무임승차를 하지는 않았지만 앞으로 그럴 것 같은 사람'까지 표적이 된다는 것이다. 그리고 그런 사람을 잡아내는 능력이 일본인은 탁월하다고 한다.

유전자를 분석해 봐도 일본인은 보수적인 경향이 강한데, 보수적 성향이 강할수록 배타적이 되기 쉽다. 따라서 이런 성향이 천성적으로 내재된 사람이라면 자신이 집단따돌림의 주범이 될 수도 있음을 인식할 필요가 있다.

비관적으로 생각하는 것은 유전자 문제이기도 하다

앞서 말한 뇌 과학자가 한 가지 더 의미심장한 이야기를 했다. 공동체에 비협력적인 사람을 감지하는 '배신자 검출 모듈'이 있는데, 그것은 미래의 불안과 위험을 감지하는 능력이기도 하다. 이 감지능력과 관련 있는 것이 '세로토닌'이라는 물질이다. 세로토닌은 안정감과 만족감을 관장하는 물질로, 많이 분비되면 마음이 편안해지고 만족감을 느끼게 된다. 그런데 세로토닌이 과도하게 분비되면 다 사용되지 않고 남겨지게 되고, 이것을 다시 한 번 사용하게 하려는 단백질이 신경세포 속에 들어 있는데 이 단백질의 양은 유전적으로 정해져 있다고 한다.

이 단백질이 많은 사람은 세로토닌의 분비가 다소 부족해도 남은 것을 충분히 활용하면 되므로 약간의 리스크가 있어도 크게 신경 쓰지 않고 대담한 행동을 하는 유형의 사람이 된다.

반대로 이 단백질이 적은 사람일수록 불안감을 느끼는 경향이 많다고 한다. '좋은 생각이지만 이러이러한 문제가 생길지도 모르니 그만두자.'와 같이 신중에 신중을 기해 결론을 내리는 유형의 사람들이 여기에 해당된다. 이런 사람일수록 저축액도 클 수밖에 없다. 이들은 저축하기를 좋아하고 가능하면 모험은 하지 않는다.

그러므로 세로토닌을 재이용하는 단백질 양이 적은 사람은 대체로 새로운 도전을 두려워하고 쓸데없는 걱정이 많다는 사실을 인지하고 스스로 자신의 생각과 행동을 돌아보는 기회를 자주 갖는 것이 좋다.

인간은 자기 자신에 대해 잘 모르는 존재

미운 오리새끼는 아름다운 자태로 하늘을 나는 백조를 보며 그들을 부러워했다. 그렇게 동경하던 아름다운 백조의 모습이 바로 자기 자신의 모습인 줄은 상상도 못한 채!

한 심리학자가 한 말이 생각난다.

"인간은 누구보다 자기 자신에 대해 제일 잘 모르고 있다."

"자신은 정확히 어떤 사람일까? 어떤 잠재력을 가지고 있을까? 남들에게 어떻게 비쳐지고 있을까? 내 강점은 무엇이며 약점은 무엇일까?"

그 심리학자의 말에 따르면 자신에 대해 가장 잘 알고 있는 것 같으면서도 이상의 점들에 대해서 가장 모르는 게 인간이라는 것이다. 따라서 자신을 제대로 파악하기 위해 노력하는 자세가 필요하다. 회사 동료나 상사에게, 혹은 가족에게 물어 보는 방법도 있다. 뭐든 상담할 수 있는 멘토를 만들거나 뭐든 털어놓고 얘기할 수 있는 절친한 친구를 만드는 것도 하나의 방법이다. 그렇게 함으로써 자신을 좀 더 객관적으로 파악할 수 있게 되는 것이다.

자신에 대해 자세히 알게 되면 사실 자신에게 큰 잠재력이 있다는 의외의 사실도 알게 될 것이다. '뭔가 잠재력이 있겠지.'하고 막연하게 생각해서는 안 된다. 자신을 잘 파악할 수 있게 되기까지 적극적으로 노력해야 한다.

6

벌거숭이 임금님

무지를 인정하라. 모르는 것은 죄가 아니다

진귀한 옷을 좋아하고 옷을 남에게 과시하는 것을 큰 즐거움으로 아는 왕이 있었다. 그런 왕에게 두 명의 사기꾼이 다가와서 이렇게 말했다.

"저희들은 재단사입니다. 멍청이들에게는 보이지 않고 훌륭한 사람들에게만 보이는 멋지고 진귀한 옷을 지어드리겠습니다."

그 말을 들은 왕은 매우 기뻐하며 당장 옷을 만들어 오라고 명령을 내렸다. 그날부터 사기꾼 재단사는 작업실에 틀어박혀 밖으로 나오지도 않았다.

옷이 어떻게 만들어지고 있는지 궁금해서 견딜 수 없었던 왕은 대신을 보내 진행상황을 지켜보고 보고하도록 지시했다. 왕명을 받든 대신은 작업실을 찾아갔다. 그런데 재단사들의 손만 바쁘게 움직이고 있을 뿐 아무것도 보이지 않았다. 분명 재단사들의 손에는 어떤 원단도 옷도 들려 있지 않았다.

'어, 왜 아무것도 안 보이지? 설마 내가 멍청이란 말인가?'

자신이 멍청이로 보여질까봐 걱정된 대신은 서둘러 작업실을 빠져나왔고, 왕을 찾아가 이렇게 아뢰었다.

"왕이시여, 훌륭한 옷이 거의 다 만들어졌습니다."

그 말을 들은 왕은 더 이상 궁금증을 참지 못하고 직접 작업실로 향했다. 그런데 이게 웬일인가? 작업실에서 바쁘게 손을 놀리고 있는 재단사의 손에는 아무것도 들려있지 않았다.

'짐이 멍청이란 말인가? 아니, 그럴 리가 없어.'

당황한 왕은 짐짓 큰 소리로 이렇게 말했다.

"오, 정말 훌륭한 옷이로구나! 빨리 완성해서 보여다오."

그리고 얼마 후, 두 재단사가 왕에게로 와서 자신만만하게 말했다.

"왕이시여, 드디어 옷이 완성되었습니다. 이것이 바지와 상의, 그리고 이것이 망토입니다. 어떻습니까? 훌륭하지 않습니까?"

주변 신하들 눈에도 역시 옷은 보이지 않았지만 모두 입을 모아 이렇게 말했다.

"정말 훌륭한 옷입니다."

왕도 어쩔 수 없이 이렇게 말했다.

"훌륭하고말고! 정말 훌륭해!"

재단사는 그 자리에서 새 옷을 입혀주겠노라고 말했다. 왕은 옷을 벗고 재단사는 옷을 입히는 시늉을 했다.

"이 옷은 너무 가벼워서 마치 아무것도 걸치지 않은 느낌일 것입니다."

왕은 그 상태로 마을을 행진하게 되었다. 세상에서 가장 진귀한 옷을 입은 왕의 행진을 구경나온 마을 사람들은 모두 깜짝 놀랐다. 왜냐하면 왕이 실오라기 하나 걸치지 않은 알몸 상태였기 때문이다. 하지만 멍청이로 불리고 싶지 않은 마을사람들 역시 사실을 말할 수는 없었다.

"와, 훌륭한 옷이다!"

그때 한 어린 아이가 왕을 향해 손가락질하면서 말했다.

"어, 임금님 좀 봐. 완전 알몸이네! 옷을 하나도 안 입었어."

아이의 말에 왕은 창피했지만 그렇다고 이제 와서 행진을 멈출 수는 없었다. 왕은 아무렇지도 않은 듯 가슴을 더 펴고 행진을 계속했다.

임금님은 자신이 알몸인 것을 알고 있었다

'주변에 간신들만 있으면 벌거숭이 임금님이 된다.'는 의미로 '벌거숭이 임금님'이라는 말을 자주 사용한다. 남들에게 어떻게 비쳐질지는 생각하지 않고 자신에게 듣기 좋은 말만 듣다 보면 경악할만한 상황을 불러올 수도 있다는 이야기이다.

그런데 왕은 정말로 자신이 세상에서 가장 진귀하고 훌륭한 옷을 입었다고 생각한 것일까? 꼭 그런 것은 아니었다. 왕은 자신이 알몸인 것을 알고 있었고, 다른 사람들이 어떻게 생각하고 있는지도 알고 있었다고 보아야 한다. 다만 재단사로부터 멍청이에게는 보이지 않는 옷이라고 들었기 때문에 자신이 멍청이로 비춰질까봐 옷이 보이는 척 연기를 한 것인데, 어쩌다보니 그런 차림으로 거리 행진까지 하게 되는 지경에 내몰리게 된 것이다.

'벌거숭이 임금님'에서 말하고자 하는 것은 '멍청이로 보이고 싶지 않은 탓에 주변의 반응에만 너무 신경 쓰다가 다수의 의견에 휩쓸려버리는 것의 위험함, 어리석음'에 대한 경계일 것이다.

'아니, 그럴 리가 없어.'라고 어째서 말할 수 없었던 걸까? 쓸데없는 자존심은 스스로를 더 큰 위험에 빠뜨릴 수 있다. 주변에 간신들을 두지 않았더라도 왕은 스스로 '벌거숭이 임금님'이 될 충분히 위험한 상태에 놓여 있었다.

자신의 무지를 감추기 위해 늘 아는 체 하는 사람은 언제든지 '벌거숭이 임금님'이 될 수 있는 위험에 노출되어 있는 존재인 것이다.

감추지 말고 더 부끄러워하라

한 칼럼니스트에게 들은 인상 깊은 말이 있다.

"자신은 아무것도 모른다. 그렇게 스스로 인정하는 편이 낫다. 무턱대고 아는 체 하다가 못 볼 꼴을 보게 된다."

세상에 널린 정보는 너무 방대해서 그 모든 것을 다 알고 이해한다는 것은 애초에 불가능하다. 모르는 분야가 있는 게 당연하고 결코 부끄러워 할 일이 아니다. 그렇게 스스로 인정하게 되면 비로소 모르는 것은 모른다고 솔직하게 말할 수 있게 된다. 오히려 모른다고 말함으로써 몰랐던 부분을 확실히 알게 된다.

박학다식한 사람이 멋있어 보이는 것은 사실이다. 하지만 그 사람도 처음부터 그랬던 것은 아닐 것이다. 틀림없이, 알려고 노력한 결과 지식이 점점 불어났을 것이다.

칼럼니스트는 이렇게도 말했다.

"그렇다고 몰라도 된다는 얘기는 아니다. 알려고 꾸준히 노력을 하지 않으면 안 된다."

중요한 것은 모르는 점에 대해서는 솔직하게 모른다고 인정하는 한편, 알고자 하는 노력을 소홀히 하지 말아야 한다는 것이다. 역설적으로 '모르고 있다는 사실을 더 부끄러워하라.'고 그는 말한다.

'멍청이로 여겨지는 것'이 두렵지 않은 용기!

왕과 대신이 사실을 말할 수 없었던 것은 '멍청이에게는 보이지 않는다, 훌륭한 사람에게는 보인다.'는 사기꾼 재단사가 만든 트릭이 있었기 때문이었다. 왕과 대신들에게는 '멍청이보다는 훌륭한 사람으로 보이고 싶은' 바람이 있었다. 사기꾼 재단사는 그들의 그러한 마음을 꿰뚫어보고 그와 같은 트릭을 설정했다. 그래서 모두 감쪽같이 걸려든 것이다.

하지만 진짜 훌륭한 사람은 어떤 사람일까? 멍청이로 여겨지는 것에 개의치 않고 자신에게 솔직할 수 있는 사람이 아닐까? 지금까지 많은 성공한 사람들을 취재하면서 확실히 알게 된 사실도 그런 것이다. 자신감이 있는 사람은 남의 평가를 전혀 신경쓰지 않는다. 설사 남들이 멍청이라고 할지라도 자신이 생각하고 있는 바를 당당하고 솔직하게 말한다. 당연히 용기가 필요한 일이다.

남들이 들으면 멍청이로 생각할지도 모를 말을 솔직하게 말할 수 있는지 아닌지는 그 사람의 그릇의 크기가 어느 정도인지를 판단할 수 있는 시금석이라고 할 수 있을 것이다.

창조적 발상은 비웃음을 먹고 자란다

남들에게 비웃음을 당하는 일 따위를 두려워한다면 결코 큰일을 할 수 없다.

세계 최대의 소프트웨어기업 창업자는 이런 말을 남겼다.

"내가 낸 아이디어가 단 한 번도 남에게 비웃음을 당하지 않는다면 결코 창조적 발상을 하고 있다고 장담할 수 없다."

세계적으로 큰 히트를 친 상품도 사내에서 동료에게 비웃음을 당하는 일에서부터 시작되는 경우가 많다. 남들에게 비웃음을 당하는 것이 두렵고 창피해서 말도 꺼내지 못하고 망설이고 있었다면 그 히트 상품은 영원히 세상에 나올 수 없었을 것이다.

남에게 비웃음 당하는 것을 두려워하지 말라. 비웃음을 당할수록 오히려 더 기뻐할 수 있을 정도의 자세를 가지지 않는다면 세상을 놀라게 할 상품 또한 탄생시키기 어려울 것이다.

7

북풍과 태양

북풍 같은 태도가 필요한 시대

북풍과 태양이 누가 더 힘이 센지를 겨루고 있었다. 결판을 내기 위해 지나가는 나그네의 옷을 먼저 벗기는 쪽이 이기는 걸로 하기로 결정했다.

먼저 북풍이 나그네를 향해 바람을 불었다. 그러자 나그네는 외투가 벗겨질까봐 힘껏 외투자락을 움켜쥐었고 북풍은 더 세게 바람을 일으켰다. 하지만 나그네는 외투를 벗기는커녕 오히려 추위를 느끼고 외투를 하나 더 껴입기까지 했다. 이에 북풍은 그만 지쳐서 포기해버렸다.

다음은 태양의 차례였다. 태양은 햇볕의 강도를 살짝 높여 보았다. 그런데 시작부터 더위를 느낀 나그네가 너무 쉽게 외투를 벗었다. 태양이 더 강하게 햇볕을 내리쬐자 더위를 참지 못한 나그네는 옷이란 옷은 다 벗어던지고 마침내 강물에 뛰어들었다.

알아듣게 타이르는 것이 억지로 강요하는 것보다 더 효과가 있는 법이다.

그럴듯한 이야기일수록 근본을 의심하라

내가 만난 어느 저널리스트는 '매사에 근본을 의심하라'고 말한다. 아이들에게도 인기가 있는 '북풍과 태양'의 이야기야말로 그 말에 딱 맞는 제재일 것이다.

아이들이라면 대체로 북풍과 태양 중에서 태양을 더 좋아하기 마련이다. 따라서 이 대결은 왠지 처음부터 승부가 이미 정해져 있는 것 같은 느낌이다. 어른들 역시 북풍에 대해 좋은 이미지를 가지고 있는 사람은 별로 없다. 사람들의 무의식 속에 북풍이 악역의 이미지를 가지고 있다면 태양은 영웅의 이미지를 가지고 있다. 거기에다 따뜻하고 크고 강한 존재감까지…….

실제로 그림책을 보고 있으면 그림 속의 표정부터가 '역시 북풍보다는 태양이지, 태양과 같은 존재가 좋아!'라는 생각이 들 수밖에 없도록 만들어져 있다. 즉 이 이야기는 처음부터 결과가 뻔히 보이는 이야기인 것이다. 성인이라면 처음부터 그 점을 의심하면서 읽어야 한다. 앞에서 언급한 저널리스트가 지적한 대로 당연하게 여기는 일일수록 한번쯤 의심해 볼 필요가 있는 것이다.

왜 하필 승부의 기준이 '지나가는 나그네의 옷 벗기기'였던 것일까? 만약 처음부터 이야기의 설정이 한여름의 길거리였다면 어땠을까? '어느 쪽이 힘이 더 센가?'가 아니라 '어느 쪽이 더 사람을 상쾌하게 만들 수 있을까?'였다면 그 결과가 어땠을까?

'지나가는 나그네의 모자 벗기기'였다면?

사실은 북풍과 태양이 '옷 벗기기' 대결을 벌이기 전에 '지나가는 나그네의 모자 벗기기' 대결을 했다는 이야기가 있다.

그 대결의 결과는 어땠을까? 태양이 제아무리 뜨겁게 볕을 내리 쬐어도 나그네의 모자를 벗길 수는 없었을 것이다. 태양이 열기를 뜨겁게 내리 쬐면 쬘수록 나그네는 더 깊이 모자를 눌러썼을 테니 말이다.

한편 북풍은 어땠을까? 굳이 말하지 않아도 단숨에 모자를 날려 보냈으리라는 걸 짐작할 수 있을 것이다.

여기에서 우리가 얻어야 할 진정한 교훈은 무엇일까? 승부를 결정할 때 무엇을 승리의 기준과 잣대로 선택하느냐에 따라서 결과가 완전히 달라질 수도 있다는 점이다. 따라서 중요한 것은 무엇을 기준으로 선택하느냐이다.

여러분이 북풍이라면 '나그네의 옷을 벗기는 대결'을 하자는 태양의 제안에 절대 동의해서는 안 된다. 자기가 잘하는 것으로 승부를 걸어야 결과도 유리한 쪽으로 나올 테니까 말이다.

자신에게 유리한 승부를 하라

인생에 대한 생각도 마찬가지다.

예를 들어서 급여 수준이 낮은 회사에 다니면서 급여 수준이 높은 다른 회사의 사원들을 부러워하는 사람이 있다고 가정해 보자. 월급만을 기준으로 경쟁하면 이길 수 없지만 만약 그 사람이 다음과 같은 사실을 알았다면 어땠을까?

'그 회사는 평일에는 매일 야근을 시켜서 자정 전까지는 퇴근할 수 없다.'

만약에 급여 수준이 아니라 '가족을 소중히 하면서 일하기'라는 대결이 있다면 승패가 바뀌게 된다. 지극히 단순한 예를 들었지만 여기에서 내가 하고자 하는 말은, 세상만사가 그렇게 단순하지만은 않다는 것이다. 간단히 흑백을 가를 수 있는 일은 어디에도 없다.

하지만 다면적으로 판단할 수 있는 가치관을 가진다는 것은 힘든 일이라고 주장하는 대학 교수가 있었다. 그에 따르면 사람들은 대체로 하나의 가치에만 집착하는 경향이 있다고 한다. 어느 쪽이 맞고 어느 쪽이 틀린가를 꼭 판가름내서 어느 쪽인가 하나로 정하려고 한다는 것이다. 왜냐하면 정답을 만들어내야 직성이 풀리고, 또 그렇게 하는 게 마음 편하기 때문이다. '이게 정답이야.'라고 말해 버리면 다른 생각은 안 해도 되니까! 금방 평가할 수 있으니까!

하지만 원래는 다양한 생각과 의견, 평가가 있어야 정상이다. 단적으로 말해서, '난 이런 게 좋아.'라고 생각한다면, 누가 뭐라고 하든 개의치 않아야 한다.

강하게 밀고나가는 존재가 필요하다

북풍과 태양은 둘 다 강점과 약점을 모두 가지고 있다. 태양과 같은 포용력도, 북풍과 같은 강인함도 모두 필요하다. 자상하게 타이르는 것도 다소 무리하게 강요하는 것도 필요하므로 그때그때의 상황에 맞춰서 적재적소에 이용하면 된다.

사실 태양과 같은 태도가 항상 효과가 있는 것은 아니다. 무리하게 강요해서는 안 된다고 생각해서 인내심을 가지고 꾸준히 설득해도 반드시 잘된다는 보장도 없다. 이것은 많은 사람들이 경험상 이미 알고 있는 사실이다. 때로는 북풍과 같은 강인함이 필요할 때도 있다. 오히려 지금과 같은 시대에는 북풍과 같은 태도가 더 필요한 게 아닐까?

요즘은 자상한 사람들이 넘쳐나서 엄하게 꾸짖음을 당하는 일에 익숙하지 않은 사람들이 너무 많아진 것 같다.

한 유명 탤런트가 했던 말이 생각난다.

"엄하게 꾸짖어 주는 사람을 더 소중히 생각하세요."

엄하지 않은 선배와 상사는 언뜻 보기에는 자상한 사람처럼 보인다. 하지만 결과적으로는 조금도 자상하지 않은 사람이다. 그렇게 해서는 후배와 부하 직원에게 전혀 발전을 기대할 수 없기 때문이다. 엄한 선배와 상사는 대체로 성가시고 피하고 싶은 존재이지만 그 덕분에 발전할 수 있게 된다.

타인에게 성가시고 무서운 존재이길 바라는 사람은 없다. 누구나 자상하고 따뜻한 존재이길 원하고 또 그렇게 보이는 게 편할 것이다. 그럼에도 불구하고 나를 엄하게 꾸짖어주는 사람이 있다면 그 사람이야말로 진심으로 나의 발전을 생각해 주는 사람이고 진정으로 자상한 사람이다. 선배와 상사뿐만 아니라 부모도 마찬가지다. 부모가 늘 자상하기만 하다면 그 자식은 나중에라도 고생을 면하기 어려울 것이다.

CHAPTER 2

사고력을 키워주는 7가지 이야기

옛날이야기에서 배우는 진짜 교훈

❶

혹부리 영감

불통을 방지하려면?

언제 봐도 유쾌해 보이는 할아버지와 왠지 어딘가 음침해 보이는 할아버지가 한 마을에 살고 있었다. 두 사람 모두 얼굴에 난 큰 혹이 고민거리였다.

"어떻게든 이 혹을 떼낼 방법이 없을까?"

어느 날, 유쾌한 할아버지가 숲에 땔감으로 쓸 나무를 하러 갔다가 갑자기 비가 쏟아지는 바람에 잠시 나무 아래에서 비를 피하게 되었다. 그러다가 어느 틈엔가 잠이 든 유쾌한 할아버지! 할아버지가 잠에서 깨어나 눈을 떴을 때, 눈앞에서 도깨비들이 춤추고 노래하며 잔치를 벌이고 있었다. 처음에는 무서워서 부들부들 떨었지만, 원래 흥이 많아 춤추고 노래하는 것을 좋아하던 유쾌한 할아버지는 어느 새 도깨비들의 잔치판에 들어가 같이 즐기고 있었다.

유쾌한 할아버지의 신명난 춤과 노래에 도깨비들은 열광했다. 할아버지의 춤과 노래에 완전히 반한 도깨비들은 내일도 꼭 오라며 신신당부했다. 그리고 그때까지 맡아두겠노라며 할아버지의 얼굴에서 혹을 뚝 떼어가는 게 아닌가!

다음 날, 혹이 사라진 말끔한 얼굴로 돌아온 유쾌한 할아버지로부터 혹이 없어지게 된 전말을 전해들은 음침한 성격의 할아버지는 당장 그날 밤 도깨비들의 잔치에 뛰어들었다. 하지만 흥이 많아 신명나게 놀던 유쾌한 할아버지와 달리 원래 춤과 노래에 소질이 없었던 음침한 성격의 할아버지는 분위기를 북돋우기는 커녕 오히려 잔치의 흥을 완전히 깨버렸다. 화가 날대로 난 도깨비가 말했다.

"이 혹을 도로 돌려줄 테니 당장 여기에서 꺼져버려!"

이렇게 해서 침울한 할아버지는 유쾌한 할아버지의 혹마저 얼굴에 달게 되어 양 볼에 혹을 단 채 평생을 살게 되었다.

일이 잘 풀리지 않는 사람의 공통점

평생 고민이었던 얼굴의 혹을 떼게 된 유쾌한 할아버지와 혹을 떼기는 커녕 양쪽에 혹을 달고 살게 된 음침한 할아버지! 왜

노래
주머니~!
뭘봐!
이크!

음침한 할아버지는 이렇게 된 것일까?

문득 한 대기업 임원으로부터 들은 사내 개혁 프로젝트 이야기가 떠올랐다. 평소에 프로젝트가 매끄럽게 진행되지 않는 가장 큰 이유는 구성원들 간에 의사소통이 잘 되지 않았기 때문이라는 것을 알게 되었다.

예를 들면 상사가 부하에게 일을 시켰는데, 한 번에 끝나지 않아서 같은 지시를 반복해서 내려야만 한다면 결국 시간만 지체되고 일에 진척이 있을 리가 없다. 이런 경우 상사는 상사대로 자신이 예상한 것과 달라서 성에 차지 않고, 부하는 부하대로 열심히 했는데 매번 구박을 당하니 일할 의욕마저 꺾이게 된다.

원인은 쌍방에 있다. 상사는 구체적으로 '이렇게 저렇게 했으면 좋겠다.'와 같은 결과물에 대한 '청사진'을 제대로 전달하지 못했고, 부하 역시 '어떻게 하면 좋은지'에 대해 상사에게 구체적으로 문의하지도 않았고 제대로 파악하지도 못했던 것이다.

상호간에 '청사진'에 대한 이미지가 다른 상황에서는 기대한 대로의 성과가 나올 리가 없고, 상호간에 이래저래 다시 의견을 조정해 갈 필요가 생긴다. 하지만 시간도 많이 걸릴 뿐만 아니라 서로 간에 관계도 불편해지고 성공할 확률도 떨어진다.

이와 같은 상황을 없애기 위해서 개혁 프로젝트를 추진했는데 그 핵심이 '청사진의 공유'였다.

제대로 듣지 않은 것이 큰 원인이었다

'혹부리 영감' 이야기로 돌아가 보자. 어째서 음침한 할아버지는 혹을 뗄 수 없었던 걸까? 그 이유는 '유쾌한 할아버지가 혹을 뗐다'라고 하는 결과에만 신경을 쓰느라 '어떻게 해서 혹을 뗄 수 있었는가'에 대한 구체적인 내용을 제대로 듣지 않았기 때문이다.

유쾌한 할아버지는 신명나는 춤과 노래로 도깨비들을 즐겁게 해줬기 때문에 혹을 뗄 수 있었다. 음침한 할아버지는 그 부분을 놓치고 빨리 혹을 떼고 싶다는 마음만 앞선 채 도깨비 소굴을 찾아간 것이다. 신명나는 춤과 노래같은 건 자신에게는 애초에 불가능한데도 말이다.

제대로 귀 기울여 듣지 않는 행위는 일을 망치게 되는 최대의 원인이 된다.

능력 있는 영업사원은 경청을 잘 하는 사람이다

커뮤니케이션이라고 하면 먼저 말하는 것에 초점이 맞춰지기 마련이다. 하지만 오히려 경청하는 자세가 더 중요하다고 말하는 사람이 많다.

말을 할 때 상대방이 무엇을 원하는지 제대로 알지 못하면 상대방이 원하는 대답을 할 수 없다. 정확한 이야기, 상대방을 만족시키는 이야기를 할 수 없는 것이다. 일의 성과도 상대방이 기대하고 있는 바를 잘 파악하고 있는지 여부로 결과는 크게 달라진다.

예를 들어 어떤 자료를 만든다고 해도 그것이 무엇을 위한 자료인지, 어디에서 어떻게 사용할지, 누가 읽을지, 어떤 형식이 좋은지, 그래프가 많은 편이 좋은지 글자가 많은 편이 좋은지 등에 따라 결과물은 완전히 달라진다.

그 점에 대해 잘 파악하지 못하면 엉뚱한 자료를 만들게 되고 상사든 고객이든 의뢰자의 만족도가 떨어질 수밖에 없다.

나 역시 일을 잘하는 사람이란 제대로 귀 기울여 경청하는 사람이라고 생각한다. 많은 회사의 잘나가는 영업사원들을 취재하면서 그들이 꼭 화술이 좋은 사람은 아니라는 사실을 알게 되었다. 그들의 공통된 점은 예외 없이 경청을 잘 하는 사람이었다.

상대방의 이야기를 잘 들어야 상대방이 뭘 원하는지 잘 알 수 있고 그에 맞는 제안을 할 수 있다. 그렇게 함으로써 상대방에게 경청하고 있다는 인상을 주는 것이 중요하다. 상대방에게 무리하게 강요하고 있다는 느낌은 주지 말아야 한다. 말하기 전에 일단은 상대방의 이야기를 잘 듣는 것이 우선이다.

성공 스토리를 흉내 내는 건 의미가 없다

'혹부리 영감' 이야기로부터 얻을 수 있는 교훈은 또 하나 있다. 안이하게 상대방을 흉내 내려고 해봤자 같은 결과를 얻어내기는 쉽지 않다는 점이다.

'유쾌한 혹부리 영감이 도깨비들 덕분에 혹을 뗀 모양이다. 그렇다면 나도 도깨비들에게 가면 혹을 뗄 수 있지 않을까?'

하지만 성공 스토리를 그대로 따라한다고 결코 성공이 보장되는 것은 아니다. 많은 성공한 사람들을 인터뷰한 결과 성공을 위한 매뉴얼은 따로 없다는 것을 새삼 확신하게 되었다. 성공한 사람들의 행동과 습관, 경험을 비슷하게 흉내 내본들 반드시 똑같은 결과를 얻을 수는 없는 것이다.

실제로 성공한 사람들도 그 점을 잘 알고 있었다. 그래서 그들 중에는 '성공하는 방법'과 같은 질문을 받으면 상대조차 하지 않은 사람도 있었다.

"어떻게 하면 성공할 수 있냐는 그따위 식상한 질문은 하지도 마시오."

이렇게 큰 소리로 꾸짖는 것이다.

다만 분명히 그들로부터 배울 점은 많다고 생각한다. 그것은 그들이 가진 가치관이다. 표면적으로 눈에 보이는 것을 흉내 낼 게 아니라 그들을 성공으로 이끈 가치관을 본받아야 한다. 그것은 그들이 살아가는 자세이고, 일에 대한 인식이며, 사람에 대한 생각이다.

나는 많은 책을 썼지만 가능한 한 표면적으로 흉내 내는 방법이 아닌 그들의 근본적인 가치관을 전하고 싶었다. 왜냐하면 겉으로 보이는 모습만 적당히 전한다면 '혹부리 영감'의 결말처럼 될 뿐이라는 걸 잘 알고 있기 때문이다.

2

모모타로

사람들이 따르는 리더가 되기 위한 조건

강가에서 빨래를 하던 할머니가 강물에 둥둥 떠내려 오는 큰 복숭아 하나를 발견했다. 할머니는 얼른 복숭아를 건져 들고 집으로 돌아왔다. 할아버지가 복숭아를 칼로 자르려는 순간 신기하게도 복숭아는 저절로 갈라졌고 그 안에서 사내아이가 튀어나왔다. 모모타로라고 이름 붙여진 사내아이는 슬하에 자식이 없었던 할아버지 할머니 집에서 사랑을 듬뿍 받으며 무럭무럭 자랐다.

그러던 어느 날, 모모타로는 할아버지 할머니에게 말했다.

"지금까지 키워주셔서 감사합니다. 지금부터 마을 사람들을 괴롭히는 도깨비를 때려잡으러 도깨비 섬에 가려고 합니다. 세상에서 제일 맛있는 수수떡을 만들어주세요."

모모타로는 수수떡을 가지고 도깨비 섬을 향해 가는 길에서 개와 원숭이와 꿩을 차례차례 만났다.

"어디에 가십니까?"

"도깨비 섬에 못된 도깨비를 잡으러 간단다."

수수떡을 얻어먹은 개와 원숭이와 꿩은 모모타로의 부하가 되었고, 같이 도깨비 섬으로 향했다. 도깨비 섬에 도착한 그들은 힘을 합쳐 한창 술잔치를 벌이고 있던 도깨비들을 공격했다. 모모타로의 괴력과 개와 원숭이와 꿩의 물어뜯고 할퀴고 부리로 쪼는 공격으로 도깨비들을 멋지게 소탕할 수 있었다.

모모타로는 도깨비가 마을에서 약탈해간 보물을 되찾아서 할아버지 할머니가 사는 마을로 돌아왔다.

사리사욕을 추구하는 사람을 따르는 자는 없다

악당을 무찌르는 이야기는 많이 있지만 모모타로 이야기의 특징은 개와 원숭이와 꿩을 부하로 만들었다는 점이다. 여기에서 얻어야 할 교훈은 모모타로의 리더십이다.

물론 세상에서 최고로 맛있는 수수떡을 나눠줬지만 그것만으로 도깨비 퇴치라는 대업에 동참할 수 있을까?

개와 원숭이와 꿩을 부하로 만들 수 있었던 진짜 비결은 모모타로가 '큰 뜻'을 품고 있었기 때문이 아닐까? 모모타로에게는 나쁜 도깨비를 물리쳐서 마을 사람들의 보물을 되찾겠다는, 누구나 공감할 수 있는 '큰 뜻'이 있었다.

'사람을 관리하는 데 가장 중요한 것은 무엇일까?'라는 질문에 많은 경영자들이 다른 무엇보다 '비전'을 첫 번째로 꼽았다. 여기에서 비전은 사리사욕에 기인한 것이 되어서는 안 된다. 모두에게 도움이 되고, 사회의 이익에 기반한 것이어야 하며, 모두가 찬성할만한 것이어야 한다.

만약 모모타로가 '내 재산을 불리기 위해서'나, '이름을 알리기 위해서', 혹은 '출세하기 위해서'와 같은 비전을 내걸었다면 과연 개와 원숭이와 꿩은 그래도 그와 함께 할 수 있었을까?

모모타로가 공감할만한 비전을 가지고 있었기 때문에 개와 원숭이와 꿩은 '도깨비 퇴치'라는 어렵고 위험한 대업에 기꺼이 동참할 수 있었던 것이다.

성공한 사람들은 왜 성공한 뒤에도 열심일까?

성공한 사람들을 많이 만나면서 도저히 이해가 안가는 점이 있었다. 성공한 사람들 중에는 이미 수십 수백 억 엔이나 되는 충분한 재산을 소유하고 있는 사람도 있었다. 더 이상 일 할 필요가 없어 보였다. 은퇴해서 따뜻한 남쪽 섬나라에서 유유자적하게 생활한다고 해도 아무도 뭐라 하지 않을 테고 스스로도 그러는 편이 스트레스도 없고 행복한 게 아닐까 하는 생각이 들었다. 하지만 그들은 오히려 다른 누구보다도 더 열심히 바쁘게 일하고 있었다. 이미 사회적 지위도, 명성도, 부도 손에 넣었는데도 말이다.

'좀 더 높은 지위에 오르기 위해, 좀 더 큰 부자가 되기 위해 일하는 것이 아닐까?'라는 생각을 하는 사람도 있겠지만 내가 받은 인상은 달랐다. 원래 그들은 자신을 위해 일을 하는 사람들이 아니었다. 자신을 위해서라면 벌써 은퇴했을 것이다! 그들이 은퇴하지 않는 것은 그들의 목적이 사리사욕에 있지 않기 때문이다. 사리사욕에 뜻을 둔 게 아니라 다른 곳에 '더 큰 뜻'이 있었던 것이다. '집을 사고 싶다, 차를 사고 싶다'와 같은 자신의 작은 꿈을 좇고 있는 게 아니라 좀 더 큰 꿈을 좇고 있는 것이다.

'세상을 바꾸고 싶다, 좀 더 살기 좋은 사회가 되었으면 좋겠다, 사람들이 좀 더 행복해졌으면 좋겠다…….'

이같은 큰 뜻이 있기에 그들은 여전히 갈 길이 멀었던 것이다. 그래서 쉼 없이 열심히 일할 수밖에 없었고 그 결과 큰 성과를 얻을 수 있게 된 것이다.

자신의 일을 사회로 확장하다

다양한 업계의 에이스 사원들을 인터뷰할 때마다 비슷한 인상을 받았다. 그들은 자신의 일을 단순한 일로 생각하고 있지 않았다. 출세의 도구, 승진의 도구와 같은 작은 꿈에 집착하지 않고 좀 더 큰 관점에서 생각하고 있다는 점이 그들이 공통적으로 가진 특징이었다. 거래처에 물건을 팔더라도 단순히 물건을 파는 것이 아니라 거래처를 편리하게 하고 풍요롭게 하는 것을 염두에 두고 있었다. 더 나아가서는 자신의 일이 사회를, 사람들을 행복하게 하는 일로도 연결될 것을 의식하고 있었다.

즉, 자신의 일을 그대로 사회로 확장시켜 생각하고 있었던 것이다. 직접적이지는 않더라도 결과적으로 사회와 결부되어 있다고 생각하고 있었다. 그래서 더 열심히 일할 수 있고 자신의 일에 자부심을 가질 수 있다고 했다.

이와 관련하여 다음과 같은 유명한 이야기가 있다.

거리에서 빨간 벽돌을 쌓고 있는 사람에게 "당신은 지금 무슨 일을 하고 있습니까?"라고 물었다. 그러자 "빨간 벽돌을 쌓고 있습니다."라고 대답하는 사람과 "많은 사람들이 모이는 교회를 만들고 있습니다."라고 대답하는 사람이 있었다.

'두 사람 중 누가 더 행복한 사람인가' 하는 이야기이다.

일을 항상 큰 관점에서 바라보고 사회와의 접점을 생각한다면, 설령 같은 일을 하더라도 전혀 다른 관점에서 생각할 수 있다. 그것이 곧 큰 뜻을 가지고 일을 한다는 의미이다. 물론 아무리 큰 뜻이 있다고 해도 그럴듯한 명분만 가지고는 사람들을 움직이기 힘든 것도 사실이다. 그래서 모모타로에서는 일본 최고의 수수떡이 대가로 등장한다.

그러나 수수떡이라는 인센티브가 전부는 아니다. 누가 들어도 공감할 수 있는 '도깨비 퇴치'라는 프로젝트가 아니었다면 개와 원숭이와 꿩의 마음을 그렇게 쉽게 움직일 수는 없었을 것이다.

사람은 빵만으로는 살 수 없다. 빵만을 위해서라면, 사리사욕만을 위해서라면 동기부여를 하는 데 한계가 있기 때문이다.

반대 측에서 보면 어떻게 비칠까?

최근 모모타로 이야기에 대해 색다른 관점에서 접근한 광고 카피가 있었다. 2013년 '신문 크리에이티브 콘테스트' 최우수상 작품으로 화제가 된 광고의 캐치프레이즈였다.

'내 아버지는 모모타로라는 놈에게 살해되었습니다.'

그 포스터에는 아기 도깨비 그림이 그려져 있고, '모모타로 이야기는 정말 해피엔딩으로 끝난 것일까?' 라는 전제가 붙었다.

모모타로 입장에서는 악당으로 여겨져 퇴치된 도깨비! 하지만 도깨비 입장에서 보면 모모타로는 자신들을 파멸시킨 철천지 원수인 것이다. 이 카피는 반대 입장에서 보면 어떻게 비칠지 생각해 볼 수 있는 기회를 제공해 준다. 다른 시점에서 보면 전혀 다른 세계가 펼쳐질 지도 모를 일이다.

동화에만 국한된 이야기가 아니다. 사람은 으레 일방적인 시점에서만 판단하기 쉽다. 매사에 '반대 입장에서 본다면 어떨까'와 같은 의식을 가진다면 현상은 좀 더 다면적으로 보일 것이다.

3

학의 보은

대가를 바라지 않는 사람이 되라

산에서 풀을 베고 돌아오던 할아버지가 늪 근처에서 덫에 걸려 고통스러워하고 있는 학 한 마리를 발견했다. 할아버지는 학을 덫에서 풀어줬다.

그날 밤, 길을 잃은 아름다운 여인이 할아버지를 찾아왔다. 할아버지와 할머니는 어려움에 처한 여인을 집으로 들이고 따뜻한 죽을 대접했다. 기운을 차린 여인이 아무 데도 갈 곳이 없다는 것을 알아차린 할아버지와 할머니는 자기들과 같이 지내자고 권했고, 여인은 할아버지 할머니 집에서 함께 살게 되었다.

다음날, 여인은 베를 짜는 방에 들어가더니 얼마 지나지 않아 어디에서도 찾아 볼 수 없는 진귀하고 아름다운 천을 짜서 나왔다. 할아버지는 그것을 읍내에 가지고 나가서 비싼 가격으로 팔아 쌀과 된장을 살 수 있었다.

그날 밤도 그 다음날 밤도 여인은 계속 천을 짜고 할아버지는 그것을 읍내에 내다 팔았다.

여인은 천을 짜는 동안에는 무슨 일이 있어도 들여다보지 말아달라고 당부했다. 그러나 날이 갈수록 여인이 야위어가자, 할아버지와 할머니는 걱정이 된 나머지 결국 천을 짜고 있는 방을 들여다보고 말았다. 놀랍게도 그 방에서는 학 한 마리가 자신의 몸에서 깃털을 뽑아서 천을 짜고 있었다.

여인은 두 사람이 들여다보는 것을 눈치채고 "목숨을 구해 준 은혜를 갚으러 왔으나 이제는 떠날 수밖에 없습니다."라고 말하며 하늘 높이 날아가 버렸다.

누군가를 기쁘게 해주는 일이 가장 행복한 일

사람이 가장 기쁘고 행복감을 느낄 때는 언제일까?

이에 대해 한 경영자는 이런 답변을 했다.

"성공하는 것도, 부자가 되는 것도 아닙니다. 남에게 도움이 되었을 때, 남을 기쁘게 해줬을 때 사람들은 가장 행복감을 느낍니다."

사람들은 '자신의 일이 잘 될 때를 가장 기쁘게 여기는 게 아닐까?' 하는 생각이 들기도 하지만, 사실은 남을 기쁘게 해줬을 때보다 더한 기쁨은 없다고 한다. 아마 누구나 한번쯤은 경험해 본 감정일 것이다.

가족을 위해, 아이들을 위해, 친구를 위해, 동료를 위해……. 그 누군가를 위해서라면 없던 기운도 솟아나서 더 열심히 하게 된다. 이것은 좀 전의 '사회를 바꾸고 싶다, 세상을 좋게 만들고 싶다…….'와 같은 '큰 뜻'과도 통한다. 행복으로 가는 길에는 남을 기쁘게 해주고 싶은, 특히 많은 사람들을 기쁘게 해주고 싶은 마음이 있다.

그리고 일을 즐기며 하고 있는 대부분의 사람들은 하나같이 '기뻐하는 다른 사람들의 웃는 얼굴을 보면 행복감을 느낀다.'고 입을 모아 말한다.

'학의 보은'은 이처럼 '남을 기쁘게 하는 것이야말로 진정 행복한 일이다.'라는 메시지 때문에 많은 사람들에게 오랫동안 사랑받아온 동화가 될 수 있었던 게 아니었을까? 학은 은혜를 갚기 위해, 무엇보다 할아버지를 기쁘게 해주기 위해 자신의 깃털까지 뽑아서 천을 짰다. 그렇게까지 해서라도 할아버지를 기쁘게 해주고 싶었던 것이다.

대가를 바라는 생각은 버려라

한편, 강렬한 인상을 주는 이 이야기의 제목은 사람들에게 큰 오해를 불러일으켰을 가능성도 있다. '보은'은 당연하다는 잘못된 인식이 그것이다. 뭔가 좋은 일을 하면 그 대가로 뭔가 받을 수 있다는 것은 거북이가 우라시마 타로를 용궁에 데려간 것과 마찬가지다.

하지만 현실에서는 뭔가 해줬다고 해서 반드시 그 대가를 얻을 수 있는 것이 아니다. 오히려 아무것도 돌아오지 않는 경우가 많다. 그럼에도 불구하고 '보은'을 당연하다고 생각한다면 그 생각만으로 큰 스트레스가 되기도 한다.

실제로 뭔가를 해주고 '대가'를 요구하는 사람은 많다. 그래서 대가가 돌아오지 않을 때는 '내가 이렇게 잘 해 줬는데…….'라며 서운하거나 불쾌한 감정을 갖기도 한다. 만약 그때 '뭔가 해준다고 해서 대가로 돌아오는 것은 아무것도 없다.'고 처음부터 생각한다면 그런 스트레스를 받지 않아도 된다.

성공한 사람 중에는 그런 사람이 많다.

'기브 & 기브'라고 말하는 사람

'기브 앤 테이크(Give and Take)'라는 말이 있는데, 이것 역시 '뭔가 해주면 대가가 돌아온다.'는 생각을 동시에 나타낸 영어 표현이다.

오랫동안 연예계에서 최고의 인기를 누렸던 한 유명 탤런트는 다음과 같은 말을 했다.

"내 생각에는 언제까지나 기브 앤 기브가 맞는 것 같아요."

주면 그걸로 끝이지 뭔가 대가를 기대하지 않는다. '테이크'를 기대하지 않고 오로지 계속 '기브'만 한다. 그는 이와 같은 생각으로 기브를 수십 년간 계속하고 있다고 한다.

그러면 어떤 일이 벌어질까?

'저 사람은 전혀 대가를 바라지 않고 기브해 주는 사람이다.'라는 평판이 생긴다. 대가를 바라지 않고 계속 기브하겠노라고 인식을 바꾸는 것만으로도 주변 사람들이 느끼는 인상은 크게 달라진다. 결과적으로 그는 나중에 큰 성공을 거두게 된다.

'기브'를 계속함으로써 더 큰 '대가'를 손에 넣는 데 성공한 것이다. 작은 대가를 기대하지 않은 덕분에 더 큰 대가를 얻을 수 있게 된 것이다.

뭐, 또...
누구 도울 일
없나?
어이!
기브맨~
그래도 네가
있어, 세상이
조금은 더
아름다운거 같아!

‘대가’를 바라면 인간관계가 달라진다

많은 성공한 사람들을 만나면서 인상 깊었던 것 중에 하나는 ‘성공한 사람들은 남을 잘 배려하고, 또 그렇게 남을 배려하는 것을 좋아한다.’는 점이다.

바쁜 중에도 사업하는 사람끼리의 만남을 주선하고, 비즈니스와는 상관 없을 것 같은 학생들도 시간을 내서 만나준다. 게다가 사내뿐만 아니라 사외로부터도 많은 상담을 받는다. 한마디로 ‘기브 맨’인 것이다.

만약 눈앞의 대가를 기대한다면 돈 버는 일과 관련된 일을 찾아 하면 된다. 하지만 성공한 사람들은 가능하면 그런 일은 멀리하려고 한다. 그리고 그런 자세가 그 사람에 대한 호감도를 더 높여준다. ‘저 사람은 대가를 바라지 않고 행동하는 사람’이라며 점점 평판이 좋아진다.

그리고 대가를 바라지 않고 한 일이지만 어느 순간 전혀 기대하지 않았던 ‘보은’이 시작된다. 그 중에는 큰 ‘대가’로 이어질만한 일이 생기기도 한다.

반대로 오로지 ‘대가’를 바라며 행동하는 사람이 있다. 그들은 처음부터 대가를 염두에 두고 ‘기브’한다. 여러분 주변에도 그와 같은 사람들이 있는지 모르지만 그런 사람들의 속셈은 당장 한눈에 빤히 들여다보여서 때로는 사람들의 눈살을 찌푸리게 한다.

자원봉사는 그야말로 대가를 바라지 않고 하는 일이다. 자원봉사 활동에 적극적인 한 경영자가 다음과 같은 이야기를 했다.

"어려움에 처한 사람을 위해서 이 일을 하고 있는 게 아닙니다. 저 자신을 위해서 하고 있습니다. 자원봉사를 통해서 정말 많은 것을 배우니까요."

4

지푸라기 백만장자

미래의 일은 굳이 계획하지 않는다

마음은 더할 수 없이 착하지만 가난한 젊은이가 관음보살에게 행운을 내려달라고 기도했다. 그러자 관음보살이 나타나, 법당을 나선 뒤 처음으로 손에 잡은 것을 소중히 간직하고 서쪽으로 가라고 말했다.

젊은이는 법당을 나서다가 그만 돌에 걸려 넘어졌다. 정신을 차리고 보니 손에 지푸라기가 쥐어져 있었다. 법당을 나와 처음으로 손에 잡은 것이 지푸라기였다.

젊은이가 그 지푸라기를 손에 쥐고 서쪽으로 걸어가는데 웬 벌레가 날아왔다. 무심코 그 벌레를 잡아서 지푸라기로 묶은 뒤 계속 걸어갔다. 그러다가 길가에서 발을 동동 구르며 우는 아이를 만났고, 그 아이에게 지푸라기로 묶은 벌레를 건네줬다. 그러자 아기 엄마가 고맙다며 답례로 귤을 건넸다.

젊은이가 나무 아래에서 쉬면서 귤을 먹으려는데 이번에는 부잣집 딸로 보이는 한 아가씨가 갈증을 호소했다. 젊은이는 자기가 먹으려던 귤을 아가씨에게 주었고, 그녀는 고맙다며 자신이 가지고 있던 고급 견직물을 답례로 건넸다. 젊은이는 횡재한 기분이었다. 신이 난 젊은이는 발걸음을 재촉했다.

얼마나 걸었을까. 이번에는 쓰러진 말과 고급 견직물을 교환하자는 사람을 만났다. 그 사람은 거의 반 강제로 다 죽어가는 말을 젊은이에게 떠넘기고 고급 견직물을 가져가 버렸다.

집으로 돌아온 젊은이는 정성껏 말을 간호했고 그 덕분에 말도 서서히 건강을 되찾아 갔다.

며칠 후, 젊은이는 다시 건강해진 말을 데리고 읍내에 나갔다가 마침 그 말을 마음에 들어 하는 백만장자를 만났다. 그는 천 냥을 줄 테니 자기에게 말을 팔라는 놀라운 제안을 했다. 젊은이는 너무 큰 금액에 놀라 기절하고 말았다. 그렇게 기절한 젊은이를 백만장자의 딸이 간호했는데, 알고 보니 그녀는 젊은이가 전에 귤을 줬던 부잣집 딸이었다.

백만장자는 두 사람의 인연을 특별하게 여기고 젊은이를 사위로 맞아들였다. 착하기만 하고 가진 것 하나 없던 젊은이는 한 올의 지푸라기로 인해 마침내 백만장자가 되었다.

장기적인 계획 없이도 화려한 직업 경력을 쌓다

자신의 인생에 대해 면밀하게 계획을 세워서 준비를 하는 사람이 있다. 무엇을 배우고 무엇을 익히며, 어떻게 회사에 근무하고 이직을 해서 어떻게 경력을 쌓아 나갈지…….

이런 식으로 원하는 직업경력을 만들어 가는 것도 하나의 방법이겠지만, 내가 취재한 성공한 사람 중에는 그렇지 않은 사람도 많았다.

한 경영자는 일본기업에서 시작하여 외국계 금융회사와 기업체 등 여러 회사를 거치면서 최고 경영자 자리까지 올랐고, 나중에는 일본 기업의 최고 경영자가 되었다. 취재를 갔을 때 그는 다음과 같은 말을 들려주었다.

"처음부터 이런 경력을 계획하고 있었느냐는 질문을 자주 받는데 전혀 그렇지 않습니다. 저 역시 이렇게 되리라고는 상상도 못했습니다."

그렇다면 그는 어떻게 해서 그렇게 화려한 직업 경력을 쌓을 수 있었을까? 굳이 말한다면 '그때그때 눈앞의 일을 열심히 했기 때문'일 것이라고 그는 말한다.

눈앞의 일을 열심히 하면 운명이 길을 열어준다. 사람과의 우연한 만남이 생기고 그에 따라 자연히 이직을 하게 되고……. 그렇게 운명이 이끄는 대로 흘러간 것이다. 마치 '지푸라기 백만장자'처럼 자연스러운 흐름에 몸을 맡기자 화려한 경력이 만들어졌다는 것이다.

그는 또 이렇게도 말했다.

"미래의 일은 알 수 없습니다. 그러니, 어떻게 화려한 경력을 만들까를 고민하기보다 차라리 눈앞의 일을 열심히 하는 게 낫다고 생각합니다."

명확한 목표를 내걸고 그 목표를 향해 열심히 매진해서 성공한 사람도 분명 많았다. 하지만 그와는 반대로 '무작정 눈앞의 일만을 열심히 한 결과 오늘에 이르렀다'는 사람도 결코 적지 않았다.

여기까지 읽고 갑자기 고개를 갸우뚱 하는 사람이 있을지도 모르겠다. 유명한 동화에 대한 새로운 해석을 전하는 페이지인데 이건 새로운 해석이 아니지 않느냐고!

맞는 말이다. '지푸라기 백만장자'같은 이야기는 너무 비약이 심해서 뜬구름 잡는 이야기처럼 들린다는 사람이 많을 것이다. 하지만 이것은 실제로 현실에서 일어날 수 있는 이야기이다. 장기적인 계획 같은 것 없이도 하나하나 자신의 길을 개척한 이야기를 실제로 많이 들었다. 굳이 이 이야기를 전하는 이유도 그 때문이다.

사리사욕에 찬 마음은 주변에서 먼저 알아챈다

나 역시 지금 이렇게 책을 쓰는 작가로 활동하고 있지만 얼마 전까지는 전혀 생각지도 못한 일이었다. '옛날부터 프리랜서로 일할 것을 계획하고 있었는지, 책 저자가 될 것을 목표로 하고 있었는지'에 대해 자주 질문을 받지만, 솔직히 전혀 계획한 일이 아니었다.

오래 전부터 광고업계를 동경했지만 취직이 쉽지 않았다. 그래서 전혀 다른 분야에 취직했다가 광고계에서 일하고 싶은 열망을 포기하지 못하고 이직을 결심했다. 그리고 마침내 광고제작회사에 입사해 카피라이터가 되었다.

당시의 목표는 광고제작자로서 이름을 알리는 것이었다. 광고상을 많이 수상해 세계적으로 유명해지고 부자가 되겠다는 여러 가지 욕망으로 나는 한껏 의욕에 차 있었다.

그런데 일이 계획대로 되지 않았다. 그 이유는 프리랜서가 되고 나서야 알게 되었다. '상을 받아야지, 세계로 뻗어 나가야지.'와 같은 사리사욕에 찬 이기적인 마음은 주변에서 먼저 알아채 버리기 때문이다.

원래 광고는 의뢰인이 돈을 투자해야 비로소 성립되는 일인데, 그것을 나의 '작품'으로 이용하려고 했던 의도 자체가 잘못이었다. 그 당시에는 그 점을 깨닫지 못했다. 그렇게 성과도 제대로 내지 못한 채 나는 광고업계를 떠나야만 했고, 설상가상으로 새로 이직한 회사마저 3개월 만에 도산해 버렸다.

흐름에 맡기고 흘러가는 대로

지위도 명예도 재산도 없이, 직장마저 잃어버린 나는 어찌할 바를 몰랐다. 그때 처음으로 떠오른 생각이 프리랜서로 일을 해 보자는 것이었다. 모아둔 돈도 없어서 찬밥 더운 밥 가릴 처지도 아니었다. 어떤 일이든 앞뒤 잴 것 없이 닥치는 대로 떠맡아 했다.

전직이 카피라이터였던 까닭에 처음에는 광고일이 대부분이었지만, 일을 가리지 않고 하다 보니 점점 일의 범위가 넓어졌다. 잡지에 기사를 쓰거나 인터뷰를 하는 일도 늘어났다.

그리고 그 사이 광고업계에도 큰 변화가 일어났다. 인터넷이 세계적으로 대중화 되면서 예전에 내 일의 대부분을 차지했던 종이 광고매체가 점점 사양길로 내몰렸다.

만약 '카피라이터로 평생 살아야지'라고 계획하고 오로지 광고 일만 하고 있었다면 어떻게 되었을까? 일거리가 점점 줄어들어서 틀림없이 힘든 상황을 맞았을 것이다.

미래는 상상으로 만들어지지 않는다

뒤돌아보면 회사의 도산으로 바닥까지 떨어졌다가 프리랜서 생활을 시작한 것은 결과적으로 참 잘된 일이었다. 아무것도 생각하지 않고 눈앞의 일에만 집중할 수 있었기 때문이다.

오로지 입신출세할 생각으로 의욕에 넘쳤던 20대를 거쳐, 자신만을 위해 일할 생각을 내려놓자 입신출세에 대한 생각도 사라져갔다. 화려한 경력을 쌓을 생각을 안 한 것도 잘된 일이었다. 흐름에 몸을 맡기고 흘러가는 대로 가다보니 잡지 기사를 쓰게 되었고, 책과의 만남도 가지게 되었다. 그러다가 우연히 저자가 될 기회를 얻어 지금에 이르렀다. 생각지도 못한 미래가 나를 기다리고 있었던 것이다.

그 이후로 나는 '우연'과 '인연'을 무엇보다 소중히 여기게 되었고, 모든 일에는 반드시 뭔가 의미가 있을 것이라고 생각하게 되었다. 그리고 쓸데없는 일은 생각하지 않고 우선 눈앞에 있는 일부터 열심히 하겠다고 마음속에 새삼 되새겼다.

작은 일을 계기로 새로운 사람을 만나게 되고, 그 만남은 또 다른 인연으로 이어진다. 나와 상담한 사람들로부터 새로운 인연이 생겨나고, 그 인연은 또 다른 사람과의 만남으로 이어졌다. 프리랜서가 된 후 이런 식으로 20년의 세월이 흘렀다. 아무도 믿지 않을지 모르지만 나는 지금까지 한 번도 '영업활동'이라는 것을 한 적이 없다.

나는 다시 그때로 돌아간다고 해도 미래의 일은 생각하지 않고 눈앞의 일만 열심히 할 것이다. 그렇게 하는 것이 어쩌면 더 좋은 미래로 데려다 줄지도 모른다고 믿기 때문이다.

미래의 일과 직업적 경력에 대해 계획해 보는 것도 좋은 일이다. 하지만 그런 생각 따위는 전혀 하지 않고 눈앞의 일을 무조건 열심히 하는 것이야말로 최고의 방법이라고 생각한다. 열심히만 한다면 신은 반드시 새로운 길, 밝은 길을 열어줄 것이다. 나는 그렇게 생각한다.

5

원숭이와 게 이야기

자신의 강점을 찾는 방법

몹시 허기진 게가 뭍으로 올라 먹을 것을 찾고 있었다. 그때 심술꾸러기 원숭이가 감을 들고 다가왔다. 게는 너무 배가 고픈 상태여서 원숭이가 들고 있는 감에서 시선을 떼지 못했다. 그것을 본 원숭이는 일부러 보란 듯이 게 앞에서 감을 먹으며 씨를 게를 향해 내뱉었다.

게는 어쩔 수 없이 다른 먹을거리를 찾아 나섰고, 잠시 후 바닥에 떨어져 있는 주먹밥을 발견했다. 원숭이도 거의 동시에 주먹밥을 발견했지만 게가 필사적으로 자기 것이라고 우기는 바람에 한발 물러서서 새로운 제안을 했다. 자기가 들고 있는 감 씨와 주먹밥을 바꾸자고 거래를 청한 것이다.

"이 감 씨를 심어서 키우면 말이야, 감 열매가 주렁주렁 열릴 테니까 나중에는 훨씬 이득이 되는 거야."

그 얘기에 혹한 게는 주먹밥을 건네주고 감 씨를 받아서 땅에 심고 열심히 키웠다.

"빨리 자라라, 감 씨야. 빨리 싹을 틔우지 않으면 이 가위로 잘라 버릴 테다."

신기하게도 게가 이렇게 노래하자 땅에서 금방 싹이 돋아났다. 그리고 게가 한 번씩 노래를 부를 때마다 싹은 점점 자라서 나무가 되었고 금방 열매가 열렸다.

그런데 막상 감 열매를 따려고 했을 때 게의 손이 열매에 닿지 않았다. 그때 다시 심술궂은 원숭이가 나타났다. 원숭이는 감 열매를 따주겠다는 핑계로 멋대로 나무에 올라가 감 열매를 차례차례 따 먹었다. 그런 다음 아직 익지도 않은 단단하고 파란 감 하나를 따서 게를 향해 던졌고, 그 단단한 감에 정통으로 배를 맞은 게는 배가 갈라지고 말았다. 그리고 갈라진 배에서 3마리의 아기 게가 태어났다. 하지만 엄마 게는 감에 맞은 충격으로 결국 죽고 말았다.

어느새 무럭무럭 자란 세 마리의 게는 엄마 게의 복수를 결심했고, 마침내 밤과 벌과 쇠똥과 절구통의 도움으로 원숭이에게 복수하는 데 성공한다.

게 삼형제와 친구들의 복수극이 시작되었다.

1번 타자는 밤이다. 밤은 화로 속에서 몸을 달구고 몰래 숨어 있다가 원숭이에게 튀어 올라 화상을 입혔다. 원숭이가 화상을 입은 자리에 된장을 바르려고 하자 2번 타자인 벌이 날아가서 침을 쏘았다. 당황한 원숭이가 물통에 손을 넣자 기다리고 있던 3번 타자인 게가 손을 물었다. 깜짝 놀란 원숭이는 뛰쳐나오다가 4번 타자인 쇠똥을 밟아 미끄러지고 말았다. 그리고 원숭이가 넘어진 곳에 마지막 타자인 큰 절구통이 날아와서 원숭이 위로 떨어졌다.

게 삼형제와 친구들의 합동작전으로 엄마 게의 원수를 갚는 통쾌한 이야기이다.

이 이야기를 조금 다른 각도에서 생각해 보자.

애초에 엄마 게는 왜 원숭이에게 그 같은 일을 당하게 되었을까? 게에게 유리한 장소가 아니었기 때문이 아니었을까? 엄마 게는 원숭이에게 유리한 육지에서 싸웠다. 어쩌면 자신에게 유리한 바닷가에서 싸우지 않은 것이 최대의 패인일 것이다.

자신이 잘하는 분야에서 승부해야 이긴다

일에서도 마찬가지다. 자신이 자신 없는 분야에서 일을 하면 잘 되지 않을 가능성이 크다. 어떻게 하면 자신이 잘하는 분야에서 승부를 겨룰 수 있을지 항상 염두에 둬야 한다.

잘하는 분야가 있는 사람은 그것을 잘 활용하도록 해야 한다. 평소에 가장 잘 사용할 수 있는 방법을 생각해 두는 편이 좋다. 그 곳에 반드시 성공의 힌트가 있을 것이다.

강점은 의외의 곳에 숨어 있다

자신이 잘 하는 분야를 찾는 일은 그렇게 간단하고 쉬운 문제가 아니다. 어쩌면 상당히 많은 시간이 걸릴지도 모른다.

때로는 스스로 영 소질이 없고 자신 없어 어쩔 수 없이 했던 일이 주변 사람들로부터 의외의 호평을 받고, 반대로 자기가 잘 한다고 생각했던 일에 대해서는 별로 안 좋은 평가를 받는 경우가 있다.

나에게는 글쓰기가 그랬다. 어렸을 때부터 글을 쓰는 일은 질색이었다. 초등학교 때 작문부터 시작하여 중학교를 거쳐 고등학교 때까지 글을 쓰는 일은 언제나 큰 고역이었다. 대학교에서도 리포트를 작성할 때 자료를 거의 통째로 베껴서 냈던 기억이 난다. 나를 기억하는 학창시절 친구들은 내가 지금 글 쓰는 일을 업으로 삼고 있다는 사실에 대해 깜짝 놀란다.

내가 처음 관심을 가졌던 것은 광고 제작이었다. 광고 제작은 글을 쓴다기보다는 적절한 말을 찾는 일이라고 생각했기 때문이다. 광고 제작 중에서도 기업 채용에 대한 광고 문구를 제작하는 일이 주요 업무였는데, 그 일이 내 운명을 바꿔놓았다. 한 사람의 일생을 좌우할지도 모르는 직업을 선택하는 광고 문구였기에 단순히 짧은 문구를 고르는 것만으로 끝나지 않았다. 확실한 광고 효과도 신경 쓰면서 설명해야할 내용을 문장으로 표현하지 않으면 안 되었다. 그 일을 하면서 나는 조금씩 긴 문장을 쓰는 일에도 익숙해졌다.

동병상련의 글쓰기

지금도 여전히 글을 잘 쓴다고 생각한 적은 없다. 하지만 반대로 오히려 그 점이 다행이었다. 만약 글을 쓰는 게 특기이고 좋아하는 일이었다면 일찌감치 '이 정도면 됐어'라는 오만한 생각에 빠져서 더 이상의 노력은 하지 않았을 것이다.

덧붙여 말하자면 우리 업계에는 글을 잘 쓰고 글쓰기를 좋아하는 사람이 많이 있다. 그 속에서의 나는 완전히 이질적인 존재 같았다. 나는 글을 쓰는 것도 싫었지만 읽는 것도 좋아하지 않았다. 그래서 누구보다 읽는 것을 싫어하는 사람의 마음을 잘 알고 있었기에 그 점을 참고해서 글을 쓸 때 기준으로 삼을 수 있었다. 가능하면 문장은 짧되 리듬감 있고 쉽게, 술술 읽을 수 있도록 적어야 한다는 것이 그것이다. 평소에 긴 문장을 즐겨 읽는 사람들은 글을 읽기 싫어하는 사람들의 이런 고충을 헤아리기 어려울 것이다.

또 글을 쓰는 것에 크게 관심이 없었기 때문에 반드시 내 이름을 내걸고 글을 써야 한다는 고집도 없었고, 다른 사람을 대신해서 글을 쓰는 것에도 전혀 위화감 없이 할 수 있었다. 그래서 큰 고민 없이 대필 작가로도 활동할 수 있었다.

국가대표 선수의 의외의 말

'재능을 타고 났다'는 말에는 위험도 도사리고 있다고 가르쳐 준 사람이 있었다. 취재 때문에 만난 전 국가대표 축구선수였다. 놀랍게도 그는 이런 말을 했다.

"고등학교 때만 해도 나보다 축구를 잘하는 선수들이 많이 있었습니다."

그는 한때 유명한 국가대표 축구선수였다. 그래서 나는 그가 초등학교 때부터 쭉 일등 선수로만 지내왔을 것이라고 생각했지만 사실은 그렇지 않았다. 고등학교 때 그보다 축구를 잘하던 선수들은 다 어디로 간 것일까? 왜 그들은 국가대표로 뽑히지 못했던 걸까? 그 이유는 단 하나, 그들은 타고난 재능만 믿고 노력을 하지 않았기 때문이라고 그는 말했다.

재능을 타고난 사람은 별다른 노력을 하지 않아도 잘하는 법이다. 그리고 본인 역시 자신의 재능을 잘 알고 있으므로 별로 노력할 필요를 못 느낀다. 그로 인해 결과적으로 타고난 재능은 조금 모자라지만 모자란 부분을 노력으로 채우려는 사람이 재능을 타고난 사람을 오히려 추월하게 된다. 잘한다는 의식이 스스로를 방심하게 만든 것이다.

그런 의미에서는 의외로 본인 스스로 조금 모자란다고 생각하는 사람을 뽑는 편이 나을지도 모른다. 그 사람은 언제나 노력을 게을리 하지 않을 것이기 때문이다.

따라서 본인이 젬병이라고 생각하는 일에 직면하더라도 용기를 내서 도전해 보는 것도 의미 있는 일이 될 것이다. 재능을 타고나지는 않았지만 노력에 힘입어 의외로 젬병이라고 여겼던 일이 자신의 특기가 될지도 모르는 일이다.

다만 '원숭이와 게 이야기'처럼 너무 불리한 상황을 선택하지는 말아야 할 것이다. 이야기 속의 '엄마 게'를 반면교사로 삼아 그와 같은 무모한 선택을 하는 일은 없어야 할 것이다.

야!
연습 안해?
괜찮아!
연습한번쯤 걸러도
내가 최고!

6

벚꽃 할아버지

부가 당신을 선택한다

마음씨 착한 할아버지 할머니와 욕심쟁이 할아버지 할머니가 한 마을에 이웃으로 살고 있었다. 어느 날 착한 할머니가 강에 빨래를 하러 갔는데, 강 위쪽에서 예쁜 상자 하나가 강물에 떠내려 왔다. 그 상자 안에는 작은 강아지 한 마리가 들어 있었다. 착한 할아버지와 할머니는 강아지에게 '흰둥이'라는 이름을 지어 주고 키우기로 했다.

흰둥이는 할아버지 할머니의 사랑을 받으며 쑥쑥 자랐다. 그러던 어느 날, 뒷산에서 흰둥이가 짖으며 가리키는 곳을 파 보니 놀랍게도 그곳에 금은보화가 가득했다. 그 이야기를 들은 이웃집 욕심쟁이 할아버지는 흰둥이를 납치하다시피 끌고 가 어디를 파면 좋을지 다그쳤다. 그렇게 억지로 흰둥이를 다그쳐서 알아낸 곳을 파보니, 그곳에는 말똥을 비롯한 온갖 쓰레기들만 가득했다. 머리끝까지 화가 난 할아버지는 그만 흰둥이를 죽이고 만다.

슬픔에 빠진 마음씨 착한 할아버지는 흰둥이의 무덤을 만들어 주고 눈에 잘 띄도록 작은 나무를 심었다. 그 나무는 눈 깜짝할 사이에 큰 나무로 자랐다.

그런데 어느 날부터 그 나무에서 '이것을 베어서 절구를 만들어 주세요.'라는 소리가 들려왔다. 할아버지는 시키는 대로 그 나무를 잘라 절구를 만들었다. 그리고 떡을 하기 위해 그 절구에 쌀을 넣고 절구질을 하는데 쌀을 찧는 족족 모두 금은보화로 바뀌었다. 그 모습을 지켜본 이웃집 욕심쟁이 할아버지도 몰래 그 절구 안에 쌀을 넣고 절구질을 해 보았지만 쌀이 금은보화로 바뀌기는커녕 시커먼 숯으로 변해버렸다. 설상가상으로 숯들이 빨간 불꽃을 튀기며 타오르더니 욕심쟁이 할아버지 할머니의 얼굴을 시커멓게 만들어 버렸다. 화가 난 욕심쟁이 할아버지는 절구를 산산조각 내어 아궁이에 집어넣고 다 태워버렸다.

또 다시 슬픔에 잠긴 마음씨 착한 할아버지는 다 탄 재를 끌어 모아 밭에 뿌렸다. 순간 바람이 불어와 재들은 다 날아가 버렸고, 날아간 재는 시든 나무들 위에 떨어졌다. 그러자 놀라운 일이 벌어졌다. 시들었던 나무들이 되살아나더니 곳곳에 화사한 벚꽃이 피어난 것이다. 할아버지와 할머니는 기뻐서 남은 재들을 더 끌어 모아서 다른 나무들 위에 골고루 뿌려줬고, 밭 주변은 온통 벚꽃으로 뒤덮였다.

이 이야기를 전해들은 고을 성주님이 할아버지를 찾아왔다. 할아버지가 시든 나무들 위에 벚꽃을 피워낸 것을 본 성주님은 매우 기뻐하며 할아버지에게 큰 상을 내렸다.

그것을 본 욕심쟁이 할아버지는 이번에도 착한 할아버지 흉내를 냈다. 하지만 바람에 날린 재들은 나무 위로 내려앉지 않고 엉뚱하게 성주님의 얼굴로 떨어졌고, 화가 난 성주님은 욕심쟁이 할아버지를 옥에 가둬버렸다.

한결같아야 한다

부는 어떤 사람들에게 주어지고 어떤 사람들에게 주어지지 않는 것일까?

이것은 많은 성공한 사람들을 취재하는 동안 내게 가장 흥미진진한 테마였다. 성공한 사람들은 어떤 대답을 내놓을까? 내가 얻은 답은 하나였다. 부는 손에 넣을 준비가 된 사람에게 찾아간다는 것이다.

'벚꽃 할아버지'는 마음씨 착한 할아버지 할머니가 흰둥이를 통해 부를 손에 넣는 이야기이다. 금은보화를 손에 넣으면 보통은 생활이 이전과는 확 달라진다. 집도 새로 짓고 백만장자 같은 생활을 할 수 있다. 많은 하인을 거느리고 자신들은 손 하나 까딱 하지 않고 지낼 수도 있다. 게다가 부를 통해 권력까지 손에 넣으면 온갖 횡포를 부리게 될지도 모른다.

하지만 마음씨 착한 할아버지 할머니는 부를 손에 넣어도 조금도 변하지 않았다. 오로지 흰둥이만 계속 그리워하고 있었다. 어쩌면 그 때문에 절구를 통해 혹은 마을 성주님을 통해 더 많은 부를 얻을 수 있었던 것이 아닐까?

부를 얻어도 한결같아야 한다는 것, 이것이 부를 손에 넣을 준비가 된 사람들의 모습이고, 마음씨 착한 할아버지 할머니가 바로 그 주인공이었다.

가져서는 안 되는 부를 가지면 불행해진다

'고액의 복권에 당첨된 사람은 그 뒤 어떻게 되었을까?'

복권 당첨자들의 뒷이야기는 자주 거론되는 이야기이다. 이를 조사한 연구도 여럿 있는데 대부분의 사람들이 의외로 상당히 힘든 삶을 살고 있었다. 심지어 "복권 같은 거 당첨되지 않았으면 좋았을 텐데……." 이렇게 말한 사람도 있었다고 한다. 큰 금액의 돈이 갑자기 들어오면 그때까지의 생활과는 크게 달라질 수밖에 없다. 주변 사람들의 보는 눈도 달라진다. 돈 씀씀이가 헤퍼지고 자신에게 아부하는 사람들도 늘어난다. '이 사람은 돈 때문에 내 곁에 있는 것은 아닌가?' 하는 마음에 사람들을 신용할 수 없게 되기도 한다. 회사를 상장시켜 억만장자가 된 사람도 있지만 돈에 대해 무감각해져 이상한 곳에 함부로 투자했다가 돈을 다 탕진한 사람, 회사가 망해서 거액의 빚을 지게 된 사람 등 여러 사례가 전해진다.

가져서는 안 되는 부를 가지게 되면 인간은 행복해지기는 커녕 오히려 불행해질 우려가 있다. 따라서 부는 가져서는 안 되는 사람에게 가서는 안 되는 것이다. 준비가 되어 있지 않은 사람에게 갑자기 주어지는 부는 지극히 위험한 일이다. 그런 사람에게 부는 여러 가지 유혹과 싸워야 하는 괴로움으로 다가올 것이기 때문이다.

끊임없이 시험에 드는 인생

부도 그렇고 권력도 그렇고, 사람들은 인생에서 끊임없이 시험에 들게 되는 것 같다.

'이 인간에게 이 정도의 부를 줘도 괜찮을까? 이상한 일이 벌어지지 않을까? 쓸데없는 곳에 사용하지 않을까? 오히려 불행해

지지는 않을까?'

이렇게 조금씩 조금씩 시험에 드는 것 같다. 그렇게 하지 않으면 갑자기 생긴 돈때문에 오히려 불행에 빠질 수 있기 때문에!

권력도 마찬가지다. 대부분의 사람들은 항상 겸손해야 한다고 생각한다. 하나같이 눈앞에서 누가 어떤 유혹을 하든 전혀 개의치 않을 자신이 있다고도 말한다. 하지만 지위가 향상되고 큰 권력을 얻게 되어도 과연 변하지 않고 한결같을 수 있을까?

주변사람들로부터 대단하다며 칭송받는 일이 일상화되고 머리를 조아리며 입에 발린 말을 하는 사람들이 줄을 선다면, 그런 상황에서도 과연 예전과 같은 마음을 유지할 수 있을까?

그것이 가능한 사람만이 높은 지위와 권력을 가지게 되는 것이다. 그렇지 않다면 권력을 손에 넣더라도 그만큼 불행해질 가능성도 커지게 된다.

처음부터 그와 같은 역량을 가지고 있는가 하는 문제가 아니다. 시간을 들여서 그런 역량을 갖추어 가는 것이다. 그런 과정을 거쳐 준비가 된 사람에게 부가 알아서 찾아가고, 그를 점점 부자로 만들어 준다. 준비가 된 사람에게 출세할 수 있는 길이 열리게 되는 것이다.

큰 기회보다 작은 기회를 소중히!

그런 의미에서 갑자기 닥친 큰 기회는 오히려 위험한 것인지도 모른다. 그것은 곧 불시에 큰 시험대에 서게 되는 것과 같은 이치이다.

과연 '복권에 당첨되고, 젊은 나이에 큰 수입을 얻게 되고, 갑자기 거액의 자산을 손에 넣는 일'이 본인에게 정말로 행복한 일일까? 그 보다는 작은 기회를 소중히 여기는 게 더 좋지 않을까? 그것은 천천히 시험을 통과해 가는 과정이기도 하고 그를 통해 자신의 역량도 조금씩 갖추어 갈 수 있으니까 말이다.

누구에게나 작은 기회는 반드시 온다. 그것을 만만하게 보거나 하찮게 생각하지 않고 소중히 여기고 시험을 잘 통과할 수 있어야 한다. 작은 기회에서부터 차근차근 단계를 밟아 나가면 큰 기회를 불러들일 수 있다. 작은 기회는 큰 기회를 맞을 준비 과정이기 때문이다.

욕심쟁이 할아버지처럼 큰 욕심만 생각해서는 들어오던 복도 달아나기 십상이다. 욕심만 가득한 사람에게 부와 권력을 쥐어주면 어떻게 될지, 신은 너무나 잘 알고 계신다!

7

우라시마 타로

가장 큰 공포는 무엇일까?

우라시마 타로라는 어부가 나이 든 홀어머니와 둘이서 살고 있었다.

어느 날, 타로는 바닷가 모래사장에서 아이들이 작은 거북이 한 마리를 괴롭히고 있는 것을 우연히 보게 되었다. 그는 아이들을 나무란 뒤에 거북이를 바다로 놓아주었다.

며칠 후, 타로가 바다에서 낚시를 하고 있는데 거북이 한 마리가 다가와서 말했다.

"타로 씨, 나는 당신이 구해준 거북이입니다. 감사의 표시로 당신을 용궁으로 안내하겠습니다."

용궁에 도착하자 아름다운 공주님이 환영해 주었고, 날마다 진수성찬에 물고기들의 공연이 이어졌다. 이처럼 극진한 대접을 받으며 타로는 매일 꿈같은 나날을 보냈다.

하지만 그런 즐거움도 잠깐이었고, 시간이 흐르자 타로는 마을에 두고 온 홀어머니에 대한 걱정으로 견딜 수가 없었다.

"어머니는 잘 지내시고 계실까?"

공주님은 그런 타로를 더 이상 잡아둘 수 없어서 작별 선물로 상자 하나를 건네며 타로를 배웅했다.

"마을로 돌아가셔서 혹시 곤란한 일이 생기면 그때 이 보석 상자를 열어보세요."

거북이 등을 타고 마을로 돌아온 타로는 깜짝 놀랐다. 자신이 살던 집은 온 데 간 데 없고 마을의 모습 또한 완전히 달라져 있었기 때문이다. 아는 사람은 단 한 사람도 보이지 않았다.

'이게 어떻게 된 일일까?'

놀랍게도 타로가 용궁에서 보낸 그 며칠 동안 지상에서는 100년 이상의 세월이 지나 있었다. 망연자실해 있던 타로는 용궁의 공주님에게서 받은 보물상자를 생각해냈다. 보물상자의 뚜껑을 열자 안에서 흰 연기가 모락모락 피어오르고, 타로는 순식간에 백발의 노인이 되어 버렸다.

좋은 일과 나쁜 일의 셈

우라시마 타로의 이야기를 다시 읽어보면 이상한 생각이 든다. 결국 이 이야기가 무엇을 말하고자 하는 것인지 잘 모르겠기 때문이다.

거북이를 도와줘서 용궁에 가게 되고 그곳에서 즐거운 시간을 보낼 수 있었다. 여기까지는 이해가 간다. 용궁에서 즐겁게 보낸 시간은 거북이를 도와준 것에 대한 포상에 해당한다. 하지만 용궁에서의 며칠은 지상에서는 100년 이상의 세월과 같았다. 돌아와 보니 아는 사람은 아무도 없고 나이 든 홀어머니도 죽고 없었다. 상을 받은 것은 좋은데 이런 결말이라면 너무하지 않은가? 게다가 보석 상자를 열자마자 순식간에 백발의 노인으로 변해 버렸다. 도저히 좋은 이야기라고는 생각되지 않는데도 불구하고 이 이야기는 오랫동안 사람들의 입을 통해 전해져 내려왔다.

도대체 이 이야기의 진의는 뭘까?

어쩌면 '좋은 일과 나쁜 일의 셈은 플러스 마이너스 제하면 딱 맞아떨어진다.'가 아닐까?

용궁에서 꿈같은 시간을 보낼 수 있게 된 대신 타로는 시간을 잃어버렸다. 좋은 일을 겪으면 언젠가는 그 값을 지불하지 않으면 안 된다. 좋은 일만으로 끝나는 일은 없다. 아무 생각 없이 '신선놀음'에 빠져 있다가는 '도끼자루'가 다 썩게 될지도 모를 일이다.

노력과 고생 없는 성공은 없다

많은 성공한 사람들을 인터뷰한 결과 확신한 사실이 있다. 역시 성공하는 사람들은 그 나름의 준비와 노력을 했고 그 대가로 성공을 손에 넣었다는 사실이다. 물론 노력만 한다고 누구나 성공하는 것은 아니지만 적어도 노력 없는 성공은 없다. 어쩌다 노력 없이 성공을 얻었더라도 그것은 결코 오래 가지 못한다. 역시 장부의 셈은 더하고 빼면 딱 들어맞기 마련이다.

인터뷰에서 한 경영자의 말에 깜짝 놀란 일이 있었다. '여기까지 오는 데 상당히 고생도 많았겠네요?' 라는 물음에 '절대 그렇지 않다.'는 의외의 대답이 돌아온 것이다.

계속 인터뷰를 진행하면서 느낀 것은 역시 내가 듣기에는 분명히 엄청난 고생담이었다. 자금융통이 안 돼 힘들었던 이야기, 상품이 좀처럼 팔리지 않았던 일, 종업원에게 배신당했던 일, 휴일에도 쉬지 못하고 계속 일할 수밖에 없었던 일…….

하지만 그 사람은 이와 같은 일들을 고생이라고 생각하지 않았다. 회사를 경영하려면 그 정도는 당연한 일이라고 생각한 것이다. 그때 나는 한 가지 사실을 깨달았다. 어쩌면 정말 대단한 재능은 고생을 고생으로 생각하지 않는 재능일지도 모른다고! 주변에서 보면 엄청난 고생이라고 생각할 수 있는 일도 정작 본인은 당연한 일이라고 생각하고 있으니 말이다.

어떤 의미에서는 성공하는 게 당연할 수밖에 없다. 역으로 말하면 성공하기 위해서는 이런 생각을 가진 사람들과 경쟁하지 않으면 안 된다는 말이기도 하다.

어떤 사람이 경영진 자리까지 올라갈 수 있을까

그러면 왜 고생을 고생으로 생각하지 않고 노력을 노력으로 생각하지 않는 걸까? 타고난 '고생을 고생으로 여기지 않는 재능' 외에 또 하나 중요한 포인트가 있다. 그것은 노력과 고생을 정작 본인은 즐거운 일로 인식하고 있다는 것이다. 그렇지 않았다면 노력과 고생은 그저 힘든 일로 끝날 수도 있었다. 하지만 즐거운 일로 여긴다면 지치지도 않고 괴롭게 여겨질 리도 없다. 그래서 많은 사람들이 자신이 좋아하는 일을, 자신이 즐길 수 있는 일을 찾으려고 한다.

하지만 성공한 사람들일수록 그 발상 자체가 틀렸다고 지적한다. 노력을 노력으로 생각하지 않는 사람, 일을 즐기고 있는 사람은 남들이 재미 없어 하는 일조차도 즐기고 있기 때문이다.

예를 들면 서류 복사하는 일 하나만 놓고 보더라도 그들은 다음과 같이 목표를 정해서 한다.

'어떻게 하면 짧은 시간에 할 수 있을까? 어떻게 하면 깔끔하

게 복사할 수 있을까? 어떻게 하면 이 서류를 보는 사람들이 좋아할까?'

다른 한 경영자는 이렇게 말했다.

"즐거운 일, 재미있는 일은 어딘가에 있는 게 아니다. 눈앞에 있는 일을 즐거운 일, 재미있는 일로 만들 수 있는가 아닌가만 있을 뿐이다!"

월급쟁이라면, 무엇보다 출세하기 위해서는 하고 싶은 일만 하면서 살 수는 없는 일이다. 게다가 능력을 다방면으로 발휘하지 않으면 경영진 자리에까지 올라갈 수 없다. 따라서 하기 싫은 일도 어쩔 수 없이 해야 할 때가 반드시 오게 된다. 그럴 경우 일을 스스로 즐길 수 있을까? 고생을 고생으로 생각하지 않고 당연한 것으로 여길 수 있을까? 결국 거기에서 임원 자리까지 오를 수 있는지, 출세할 수 있는지, 나아가서는 일로 즐거운 인생을 보낼 수 있는지가 갈리게 된다.

만약 마을 사람 모두가 용궁에 갔다면?

다음은 한 영화에서 인상 깊었던 대사이다.

"만약 용궁에 간 것이 우라시마 타로 혼자가 아니라 마을 사람 전원이었다면 어땠을까?"

집은 오래되어서 허물어졌을지 몰라도 타로와 마을 사람들은 옛날과 마찬가지로 다 같이 생활할 수 있었을 것이다. 그렇다면 보물상자를 열어보는 일도 아마 없었을 것이다.

우라시마 타로 이야기는 '인간에게 가장 큰 공포는 무엇인가'와 같은 질문을 던지고 있다. 그 답은 자신을 알아봐 주는 사람이 주변에 한 명도 없는, 철저히 고독한 장소에 내던져지는 것이 아닐까? 보물상자를 열어 할아버지가 되고, 누구도 자신을 알아봐 주지 않는 상황에 처해지게 되는 것처럼 말이다.

읽을 때는 쉽게 술술 읽었지만 마음 속 어딘가에 도저히 납득이 안 되던 이 이야기, 결국 이 이야기는 사람은 혼자서는 살 수 없다는 것을 이야기해 주려는 게 아니었을까?

우리들은 부지불식 중에 많은 사람들과 관계를 맺고 살고 있다. '우라시마 타로'는 우리에게 그런 사람들과 관계가 단절되는 것만큼 무서운 일은 없다는 것을 일깨워주고 있다.

CHAPTER 3

습관을 바꿔주는 7가지 이야기

동화를 통해 자신을 돌아보다

1

농부와 세 아들

위대한 위산

늙은 농부가 임종을 앞두고 세 아들을 불러 앉힌 뒤에 다음과 같은 유언을 남기고 숨을 거두었다.

"나는 이제 곧 죽는다. 그래서 너희들에게 유산으로 밭을 나눠 주려고 한다. 밭에는 굉장한 보물을 감춰두었다. 그 보물을 찾아서 너희 삼형제 모두 행복하길 바란다."

세 아들은 아버지의 장례가 끝나자마자 쟁기랑 괭이 등을 들고 나와 밭을 갈아엎느라 정신이 없었다. 하지만 아무리 땅을 파헤치고 구석구석 다 뒤져 봐도 보물이라 부를만한 것은 나오지 않았다. 세 아들은 크게 실망했다.

시간이 지나고 계절이 바뀌면서 밭에는 여러 가지 곡물과 야채가 자라나고 열매를 맺기 시작했다. 세 아들이 열심히 밭을 갈

아얻은 덕분에 예년에 볼 수 없었던 풍작이었다. 세 아들은 먹을 것 걱정에서 벗어날 수 있었고, 노동의 고마움과 노력한 뒤에 얻게 되는 보람과 기쁨도 느낄 수 있었다.

"이제야 알겠어. 아버지는 우리들에게 열심히 일하는 것이 얼마나 큰 보물인지를 가르쳐 주신 거야!"

세 아들은 아버지의 유언에 깊은 깨달음을 얻었고, 그 후로는 어떤 노동도 마다하지 않는 부지런한 농부로 행복하게 살았다고 한다.

일에 대해 과도한 기대를 가지고 있지는 않은가?

앞서 내 글쓰기 경력은 구인광고를 만드는 일에서부터 시작되었다고 말했다. 내가 회사원으로서 구인광고를 만들던 때만 해도 이직하는 일은 아직 드문 때였다. 그리고 20년 가까이 지난 지금, 이제는 이직이 흔한 일이 되었지만 그 과정에서 일에 대한 개념이 상당히 달라진 것 같다.

'한 회사에서 정년까지 일한다.'고 생각하던 시절, 회사원은 자신이 일을 선택할 수가 없었다. 오로지 회사가 지시하는 대로 여러 가지 일을 하는 것이 당연시 되었다. 자신이 원하는 특정한 일만 한다는 것은 생각할 수 없었다. 하지만 점점 '자신에게 맞는 일, 자신의 실력을 발휘할 수 있는 일, 자신이 보람을 느낄 수 있는 일'을 추구하는 사람이 많아졌다. 틀림없이 이러한 분위기가 이직 현상을 부추긴 점도 있을 것이다.

이러한 경향이 나쁘다는 것은 아니지만 결과적으로 일에 대한 이미지가 필요 이상으로 과장된 것 같은 느낌이 든다. 그런 탓인지 '고작 이런 일이나 하려고 입사한 것은 아니다.', '내가 생각했던 것과 다르다.'와 같은 이유로 높은 경쟁률을 뚫고 어렵게 들어온 회사를 너무 쉽게 그만두는 사람들이 늘어나고 있다.

당연한 일을 당연하게 했을 뿐 …

즐겁고 재미있는 데다 일하는 보람도 있고 일할 맛이 나고……. 이와 같은 이미지를 가지고 있는 사람도 있지만, 일이란 정말 그런 것일까?

원래 일이란 지극히 소박한 것이다. 일이란 보물을 찾는 것도 아니고 멋있는 것도, 즐거운 것도 아니다. 오히려 소박하고 힘든 시간의 연속이다. 겉으로 화려해 보이는 일을 하고 있는 사람도 그 점을 잘 알고 있다. 다만 소박하고 힘든 과정을 거친 뒤에 아주 약간의 재미와 즐거움이 기다리고 있을 뿐이다.

애니메이션 영화로 유명한 한 프로듀서는, 어떻게 해서 큰 히

트작을 만들 수 있었는지에 대한 물음에 이렇게 대답했다.

"특별한 비결이 있는 것은 아닙니다. 그저 해야 할 일을 묵묵히 한 것뿐입니다. 그러니까 누구나 할 수 있는 일이죠."

큰일을 이룬 사람일수록 이렇게 말한다. 중저가 패션을 거대 시장으로 일구어낸 한 경영자도 이렇게 말했다.

"당연한 일을 당연하게 하고 있을 뿐입니다. 회사의 존재 의의와 비전을 공유하고 그것을 전 사원이 항상 염두에 두고 일하고 있습니다. 모두가 기본을 잘 지키고 있을 뿐이지요."

회사를 경영하는 것은 고독한 일이다. 오롯이 혼자서 의사결정을 해야 한다. 자신의 결단 하나로 결과가 크게 달라진다. 그 부담감이란 상상도 할 수 없을 것이다.

일에 대해 과도한 기대를 품는 것은 위험하다. 일은 화려하지도 재미있지도 않을 뿐더러 마땅히 고통스럽고 괴로운 것이다. 평소에 항상 이렇게 마음에 새기고 있어야만 시간이 지날수록 조금씩 다른 맛을 느낄 수 있다.

2
큰 집과 작은 집

평소의 말과 행동에 주의하라

신이 초라한 행색을 하고 여행을 하고 있었다.

그러던 어느 날, 해가 떨어지고 주위가 어두워졌는데 숙박할 곳이 눈에 띄지 않았다. 한참을 길에서 방황하다가 크고 으리으리한 집과 작고 초라한 집이 마주보고 있는 곳에 이르렀다. 신은 우선 으리으리하게 큰 집의 대문을 두드렸다.

"하룻밤 묵어갈 수 있을까요?"

창문으로 얼굴만 내민 주인은 초라하기 짝이 없는 신의 행색을 보더니 두말없이 거절했다. 하는 수 없이 발길을 돌린 신은 이번에는 작고 초라한 집의 대문을 두드렸다. 그 집에서는 부부가 함께 대문을 열고 나왔고, 흔쾌히 신을 받아들이고 정중히 대접했다.

다음날 아침, 신은 친절한 부부에게 이렇게 말했다.

"그대들이 베풀어준 친절에 대한 답례로 3가지 소원을 들어주겠소. 소원이 무엇이오?"

부부는 신의 물음에 이렇게 대답했다.

"첫 번째는 우리 부부가 함께 천국에 가는 것이고, 두 번째는 그때까지 건강하게 지내는 것입니다. 그리고 세 번째 소원은 특별히 없습니다."

그러자 신은 세 번째 소원 대신에 그들의 초라한 집을 멋진 집으로 만들어 주었다. 금방이라도 쓰러질 것만 같던 작고 초라한 집이 갑자기 새집으로 바뀐 것을 본 부잣집 주인은 깜짝 놀랐다. 그는 자세한 사연을 전해 듣고는 당장 말을 타고 신을 쫓아갔다.

"어제는 대문 열쇠가 고장이 나는 바람에 큰 결례를 했습니다. 오늘은 부디 우리 집에서 하룻밤 묵으시고 저의 3가지 소원도 꼭 들어주십시오."

신은 별로 내키지는 않았지만 마지못해 그러겠노라고 말하며 따라갔다.

그런데 집으로 돌아가는 길에 부잣집 주인이 타고 있던 말이 갑자기 날뛰기 시작했다. 그 모습에 놀라고 화가 난 부잣집 주인은 자기도 모르게 욕설을 내뱉었다.

"이놈의 말이 죽으려고 환장을 했구나, 차라리 죽어버려라!"

그 욕설이 끝나기 무섭게 사납게 날뛰던 말은 그 자리에서 쓰러져 죽고 말았다. 첫 번째 소원이 이루어진 것이다. 부잣집 주인은 쓰러진 말 등에서 비싼 안장을 빼내 짊어지면서 이렇게 중얼거렸다.

"나는 이렇게 무거운 것을 드느라 고생인데 마누라는 방에서 빈둥거리고 있겠지. 흥, 이 무거운 안장 위에 평생 타고 있어봐야 정신을 차리지."

그러자 짊어지고 있던 안장이 갑자기 사라져 버렸다. 집에 도착해보니 부인이 말 안장에서 내려올 수 없게 되어 있었다. 두 번째 소원이 이루어진 것이다. 그 와중에 부잣집 주인은 세 번째 소원으로 전 세계의 보물을 원했고, 그 순간 화가 난 부인이 소리를 질렀다.

"이 안장에서 내려올 수도 없는데 보물 같은 게 무슨 소용이 있어요! 빨리 나를 여기에서 내려오게 해줘요."

세 번째 소원이 이루어졌다. 부잣집 주인은 아끼던 말을 죽게 하고, 부인을 화나게 만들고, 그 화를 풀어주는 데에 세 가지 소원을 다 써 버린 것이다.

한편 작고 가난한 집 부부는 두 사람이 함께 천국에 갈 때까지 건강하고 행복하게 살았다

표정과 언행에서 평소의 삶이 묻어나온다

책의 후반부에서는 지금까지 잘 알려지지 않은, 비즈니스에 도움이 될 만한 교훈적인 동화를 소개할까 한다.

이번 장의 테마는 '습관'이다. 실전이나 중요한 때에만 어떻게든 잘하면 된다고 쉽게 생각하는 사람들이 있다. 그러나 그럴 때일수록 평소의 모습이 그대로 드러난다. 일상적으로 한심한 짓만 일삼는 사람은 중요한 때가 닥쳐도 평소처럼 한심한 짓을 하게 된다. 한심한 태도는 행동으로 드러나고 얼굴에 그대로 투영된다.

결국 평소 습관이 결정적인 순간에 승부를 결정짓는 것이다. 따라서 여기에서는 평소의 태도를 바꿀 수 있는 계기가 될 만한 이야기를 소개하고자 한다.

첫 번째 이야기에는 몇 개의 논점이 있다. 우선 겉모습에 대한 것이다.

흔히 '사람을 겉모습으로 판단하지 마라.'고 이야기한다. 차림새도 마찬가지이고 직함도 마찬가지다. 이 이야기에서도 겉모습만으로 판단하면 좋지 않은 결과를 낳을 수 있다는 교훈을 주고 있다. '얼굴 표정에 본심이 그대로 드러난다.'는 말이 있는데, 정말 그런 것 같다.

영업사원 출신의 한 경영자는 이런 이야기를 했다.

"상대방이 무엇을 생각하고 있는지는 대략 얼굴 표정을 보면 알 수 있다."

그 중에서도 특히 알기 쉬운 것은 상대가 자신을 신뢰하고 있는지에 관한 것이라고 한다. 그래서 그는 신뢰받지 못하고 있다는 느낌이 들면 '어떻게 하면 신뢰받을 수 있을까'를 먼저 생각했다고 한다. 그것은 그대로 판매 성과로 이어졌다.

즉, 남을 겉모습만 보고 쉽게 판단하지 않도록 경계하는 한편, 상대방의 표정에서 본심을 읽어내는 통찰력을 갈고 닦으면 결코 손해 보는 일은 없다는 것이다. 언제 어디서든 다른 사람에게 본심을 들킬지도 모른다는 생각을 하면 결코 흘려들을 수 없는 말이다.

생각과 말이 미래를 만든다

재미있는 것은 이 동화가 '생각과 말이 미래를 만든다.'는 예화로 알려져 있다는 사실이다.

한 젊은 기업가에게 어떻게 성공할 수 있었는지 단도직입적으로 물은 적이 있다. 되돌아온 답은 매우 간단했다.

"무조건 성공했을 때의 모습을 상상했어요."

"어떤 사무실을 사용하고 있을지, 어떤 곳에서 어떤 동료들과

Fuck! 누굴
거지로 아나?
오늘은
계속 동전만
들어오네~
하하! 그냥 가요~
기분 언짢은 일이
있었나봐요!
...

일을 하고 있을지, 어떤 차를 타고, 어떤 집에 살고 있을지……."

그는 항상 이렇게 이상적인 모습을 머릿속에 그리고 있었다고 했다. 그렇게 함으로써 긍정적으로 생각하게 되고, 말을 할 때에도 긍정적인 말을 하게 되었으며, 더 열심히 노력하였고 그 덕분에 점점 더 이상적인 방향으로 일이 진행되었다고 한다. 이상적으로 생각했던 모습이 점점 현실이 되고, 마침내 회사도 훌륭한 회사로 성장하게 된 것이다.

이 반대의 상황도 마찬가지일 것이다. 자신의 미래에 대해 부정적인 생각만 한다면 점점 부정적인 방향으로 일이 꼬이게 된다. 점점 부정적으로 생각하게 되고 내뱉는 말도 부정적으로 변해간다. 그것은 점점 자신의 미래를 부정적으로 만드는 일이다.

이 동화에 등장하는 좋은 집에 살고 있는 부잣집 주인이 그 대표적인 예이고, 이와 비슷한 이야기는 현실에도 충분히 있을 수 있다.

많은 사람들이 '사람은 자신이 생각하는 대로의 사람이 된다.'고 주장한다. 미래의 내 모습을 만드는 것은 다름 아닌 지금 내 자신이 내뱉고 행하고 있는 말과 행동인 것이다.

3

두 개의 주머니

정작 자신에 대해서는 알기 힘든 법이다

옛날에 신이 인간을 만들었을 때, 사람의 눈에는 보이지 않는 두 개의 주머니를 목에 걸어 놓았다. 앞쪽에는 다른 사람의 나쁜 점을 넣는 주머니를, 뒤쪽에는 자신의 나쁜 점을 넣는 주머니를 걸어 두었다. 그 때문에 사람들은 남의 나쁜 점은 금방 잡아내지만 자신의 나쁜 점은 전혀 알 수 없게 됐다고 한다.

따라서 특별히 더 주의하지 않으면 남의 나쁜 점을 지적하며 오지랖을 떨면서도 정작 자신의 나쁜 점은 전혀 알아채지 못하는 인간이 되고 만다.

명문 기업의 사내 제도

100년 이상의 역사를 자랑하는, 세계적으로 유명한 외국계 기업의 일본법인 최고 경영자를 취재하면서 상당히 재미있는 이야기를 들었다. 그 명문 일류 기업은 계속 그 명성을 유지하기 위해 다양한 사내 제도를 만들었다고 한다.

"인간이란 어떤 존재인가와 같은 인간 자체에 대한 연구를 회사에서 철저하게 분석하고 있습니다. 그리고 그 연구 결과를 바탕으로 다양한 제도를 만들고 있습니다."

예를 들면, 다음과 같은 독특한 제도를 만들었다. 만약 직속 상사에게 불만이 있거나 업무처리 방식이 납득이 안 될 때, 부하직원은 상사의 상사에게 알린다. 그러면 상사의 상사와 다른 여러 부하직원들이 미팅을 가지는 것이다. 즉, 과장이 상사인 부장에게 뭔가 문제를 느꼈을 때에는 본부장과 여러 과장들과 미팅을 가진다. 그 자리에서 과장들은 마음껏 하고 싶은 말을 하고 본부장은 나중에 부장에게 그 부분에 대해 시정하도록 지시하는 것이다.

그럴 경우 자신을 거치지 않고 상사에게 일러바쳤다고 생각하기 쉽지만 절대 그런 식으로 받아들이는 일은 없다고 한다. 왜냐하면 정작 자기 자신에 관해서는 본인도 잘 모른다는 사실을 스스로 너무 잘 알고 있기 때문이다. 뭔가 문제가 있다면 그 부분을 누군가가 지적해주는 편이 좋고, 그렇게 함으로써 일도 좀 더 순조롭게 진행된다. 게다가 그 지적을 부하직원으로부터 직접 듣는 것이 아니라 자신의 상사를 통해 받는 것이라서 거부감이 적고, 본인도 본부장에게 불만이 있을 경우 본부장의 상사인 국장에게 이의를 제기하면 된다. 모든 지위계층에서 이 제도는 유효하기 때문이다. 상사가 되면 정보를 혼자서 몰래 처리하거나 안 좋은 상황에 대해서는 덮어버리는 경우가 종종 있는데 이 제도가 있는 한 그것은 불가능하다.

인간이란 존재에 대해 잘 연구해서 만들어진, 따라할만한 제도라고 생각된다.

남의 좋은 점을 찾아보도록 한다

'남을 본보기 삼아 자신을 되돌아보라.'는 말이 있는가 하면, '남을 그대로 따라할 필요는 없다.'는 말을 한 경영자도 있었다. 앞서 얘기한 미국 명문기업의 부사장 자리까지 오른 사람의 이야기이다.

그의 곁에는 항상 전 세계에서 모인 우수한 인재들이 있었고, 그들에게 둘러싸여 생활하면서 그는 한 가지 큰 깨달음을 얻게 되었다고 한다. 경쟁의 본질은 단호한 결심과 행동력에 있다는 점이다. 지식의 유무와는 전혀 상관이 없다. 왜냐하면 지식은 누구나 얼마든지 공유할 수 있는 것이니까! 문제는 '거기에서 어떻게 한 걸음 더 내딛을 것인가?'이며, 그것이 가능하지 않으면 성과를 낼 수 없다.

그런 그가 무엇보다 열심히 실행한 것은 사회적으로 성공한 사람들을 적극적으로 만나러 다니는 일이었다. 무작정 뛰어드는 것은 용기가 필요한 일이다. 꾸짖음을 당할 수도 있고 황당한 대접을 받을지도 모르는 일이기에 솔직히 '나 같은 사람이 어떻게'라는 생각에 겁도 나고 망설여지기도 했다고 한다.

하지만 그것은 기우였다. 훌륭한 사람들의 대단한 점은 그릇이 큰 만큼 마음도 관대하다는 점이다. 그런데도 사람들은 무작정 뛰어들 결심을 하지 못하고 행동하지 않는다. 무작정 몸으로 부딪쳐 보려는 용기 있는 사람은 별로 많지 않다.

그는 많은 훌륭한 사람들을 만나면서 새삼 이렇게 느꼈다고 한다.

'훌륭한 사람들을 그대로 모방할 필요는 없다.'

그대로 똑같이 흉내 낼 것이 아니라 한 사람 한 사람의 좋은 점을 찾아내어 그 부분을 배우면 된다는 것이다. 10명의 훌륭한 사람이 있다면 10개의 훌륭한 점을 배울 수 있다. 남의 나쁜 점을 보기 보다는 뛰어난 점을 찾는 것이다. 그렇게 함으로써 자신을 더 크게 성장시킬 수 있다고 그는 말한다.

그리고 또 하나 발견한 점이 있는데, '그들에게서 대단하다고 느꼈던 부분'이 사실은 '자신에게 부족한 부분'이라는 것이다. 따라서 다른 사람의 좋은 점을 발견하고자 하는 것이야말로 자신을 알아가는 좋은 방법이기도 한 것이다.

4

펜과 잉크병

기술적인 방법론보다 내용을 알차게!

시인의 책상 위에서 펜과 잉크병이 이야기를 나누고 있었다. 잉크병이 먼저 잘난 체 떠들었다.

"나는 정말 대단한 것 같아. 시인이 멋진 세계를 그릴 수 있는 것은 바로 내가 있기 때문이지. 시인이 쓰는 것은 다 내게서 나온 거라니까!"

잘난 체 떠벌리고 있는 잉크병을 향해 펜이 '흥!'하고 콧방귀를 뀌었다.

"생각이 한참 모자라는군. 네가 하는 일은 고작 잉크 액을 내보내 종이 위에서 보이게 하는 일이잖아. 종이에 실제로 멋진 세계를 그릴 수 있는 것은 나, 펜이 있기 때문이라고!"

잠시 뒤, 바이올린 연주회를 관람한 시인이 집으로 돌아왔다.

시인의 마음은 한껏 흥분되어 있었다.

"멋진 연주회였어. 바이올린 현이 만들어 내는 음악은 내 온 마음을 쥐고 흔들었어. 멋진 음악은 분명 바이올린에서 나온 소리야. 하지만 그 멋진 음악을 만들어 낸 것은 바이올린이 아니라 그것을 연주한 음악가지!"

시인은 그 감동을 펜과 잉크로 적어 내려갔다. 시인이 나간 뒤 펜과 잉크병이 이야기했다.

"너, 지금 시인이 한 말 잘 알아들었지? 이제 잘난 체 하지 마."

"너야말로 착각하고 있는 거 아냐?"

펜과 잉크병은 여느 때처럼 서로 잘났다고 입씨름을 하다가 그대로 잠들어 버렸다.

그때 시인은 좀처럼 잠들지 못하고 마음속에 북받치는 감동에 푹 빠져 있었다.

"이 멋진 감동에 대해서는 내일 적어야겠어."

역시 훌륭한 세계를 만들어 내는 주인공은 펜도 잉크병도 아닌 시인 자신이었다.

독자들이 정말 알고 싶은 것

글을 쓰는 일을 업으로 하고 있기 때문인지 "어떻게 하면 글을 잘 쓸 수 있습니까?"라는 질문을 자주 받는다. 그럴 때마다 나는 표면적인 문장기술을 갈고 닦기 전에 먼저 해야 할 일이 있다고 말한다. 즉, '어떻게 적을까?'를 생각하기 이전에 '무엇을 적을까?'에 대해 먼저 생각하라는 것이다. 유명한 작가의 글이 아닌 한, 독자가 글에서 원하는 것은 '어떻게 썼는가?'가 아니라 '무엇을 썼는가?'이기 때문이다.

커뮤니케이션 기술에 대해서는 글쓰기뿐만 아니라 말하기에 대해서도 마찬가지로 큰 오해를 하고 있는 사람이 많다. 말을 잘하는 방법, 말을 잘 전달하는 방법과 같은 분야의 책은 지금도 베스트셀러가 많이 나오고 있다. 그런데 항상 의문인 것은 '표면적인 기술만 익힌다고 해서 과연 커뮤니케이션이 잘 될까?' 하는 점이다.

아무리 잘하는 방법을 터득했다고 하더라도 '무엇을 말하고 싶은지, 무엇을 전하고 싶은지'를 명확히 해 두지 않으면 아무 의미가 없다. 표면적인 방법 자체가 의미가 없다는 게 아니라 그 전에 '무엇을'에 대한 내용을 먼저 생각할 필요가 있다는 말이다. 이것은 마치 바이올린 명기를 손에 넣었지만 연주할 능력도, 연주할 곡도 정해지지 않은 것과 마찬가지이다. 이래서는 상대방에게 아무것도 전달할 수 없다.

다시 말하면, 내용이 충실하다면 '방법'에 대해서는 크게 신경 쓰지 않아도 된다는 의미이다. 말투든 전달방법이든, 기술적으로 뛰어나다고 해서 반드시 사람의 마음을 움직이는 것은 아니기 때문이다.

학교에서 발표를 할 때, 결혼식 피로연이나 혹은 영업 현장에서 인상적이었던 모습을 떠올려 보라. 지금도 기억에 남아 있는 사람은 단순히 말을 잘했던 사람보다는 전달력은 조금 부족해도 내용이 충실했던 사람이 아니었던가?

일기에 하루하루 단상을 적는 습관

우선 주목해야 할 것은 '무엇을 적을 것인가'이다. 상대방에게, 많은 사람들에게 무엇을 전달하고 싶은가? 그 점에 대해 먼저 생각할 필요가 있다.

'불필요한 표현과 꾸밈은 필요 없다.'고 나는 생각한다. 일어난 일, 숫자, 하고자 하는 말 등 되도록이면 '사실'을 전달하는 것에 집중한다.

예를 들면 자신이 뭔가에 감동했다고 치자. 그것은 감동 받을 만한 뭔가를 보고 들었기 때문인데, 자신이 무언가에 감동했다고 누군가에게 말로 전달한다고 그 감동이 그대로 전해지는 것은 아니다. 그렇다면 무엇에 감동했는지를 자신이 본 대로 말한다면 어떨까? 그럴 경우 자신이 감동한 것과 똑같이 상대방도 감동해줄 지도 모른다.

뭔가의 수치에 놀라거나 발언에 놀랐을 경우에도 마찬가지이다. 자신이 놀랐다는 사실보다도 그 수치와 발언 자체를 상대방에게 전하면 된다. 그러면 상대방도 자신과 똑같이 놀라고 감동할 수 있을 것이다.

또 한 가지 방법은 자신의 감수성을 높이는 일이다. 같은 일을 겪어도 느끼는 방식이 다른 것은 제각기 받아들이는 능력이 다르기 때문이다. 또한 그 일에 전적으로 집중하지 않았거나 받아들인 것을 제대로 정리하지 않았기 때문이기도 하다.

한 인기 웹사이트 창업자로부터 '무엇을'에 해당하는 '글 쓸거리, 이야기거리'를 발견하는 능력을 키우는 방법에 대해 들은 적이 있다.

그는 평소 일기를 쓰지만 일기장에 일정은 적지 않는다고 한다. 일정은 웹상에서 관리하고 일기에는 그날그날 느꼈던 단상만을 적는다는 것이다. 그날 일어났던 일, 생각한 점, 느낀 점 등 그대로 두면 금세 잊어버리고 말 일들을 하루의 단상으로 메모해 두는 것, 이렇게 하는 것만으로 감수성은 한층 더 예민해진다고 그는 말한다.

이것이야말로 훌륭한 펜과 잉크병을 갖추는 것보다 훨씬 더 중요한 커뮤니케이션 역량을 길러주는 방법이 아닐까?

5

수탉과 독수리

운이 좋은 사람들의 공통적인 습관

마당에서 마주칠 때마다 항상 서로를 쪼아대며 싸우는 수탉들이 있었다.

어느 날, 그날도 어김없이 싸움이 벌어졌고 싸움에서 진 수탉은 상처투성이가 된 채 집 뒤쪽 그늘진 곳에 숨어 있었다. 싸움에서 이긴 수탉은 옥상에 올라가 큰 소리로 외쳐댔다.

"다들 봤지? 내가 여기에서 제일 강한 수탉이다."

그런데 바로 그 때였다. 독수리 한 마리가 하늘에서 내려와 순식간에 수탉을 낚아채 하늘 높이 날아가 버렸다.

승부에 이겼다고 우쭐해 있다가는 뜻밖의 화를 부를 수 있다. 한편 싸움에서 진 수탉은 그때문에 목숨을 건졌다.

운을 부르는 사람의 5가지 조건

성공한 이유에 대해 '운이 좋았다'고 말하는 사람들이 많다.

급변하는 시장 환경에 맞춰 큰 혁신을 이뤄낸 대기업의 한 경영자도 자신이 사장이 된 이유는 운이 좋았기 때문이라고 말한다. 만약 시장 환경이 격변기가 아닌 평온한 시기였다면 자신은 결코 사장이 될 수 없었을 텐데, 난세였기 때문에 자신이 사장이라는 지위를 얻게 되었다는 것이다. 크게 성공한 경영자조차 '운이 좋았기 때문이다.'라고 말하는 데에 나는 놀라지 않을 수 없었다.

한 외국계 기업 사장도 사장자리에 오르는 과정에서 시장이 급변하는 바람에 자신에게 큰 행운이 굴러들어온 것이라고 강조했다. 사장이라는 자리는 자신의 의욕만으로 오를 수 있는 자리가 아니며, 단지 운과 시기가 잘 들어맞았을 뿐이라는 것이다.

대부분의 성공한 사람들이 자신의 성공에 대해 '운'을 키워드로 얘기하고 있었기 때문에, 한편으로 나는 '그러면 운을 부르는 사람들과 그렇지 않은 사람들은 무엇이 다른가?'하는 점이 궁금해졌다.

내가 취재에서 얻은, 운을 부르는 사람의 5가지 조건을 아래에 정리해 봤다.

창업 3년
1조 매출신화!
저 사람은
운이 참 좋아!
복권은 사는
사람이 되는
법이고…
운도 준비된
사람에게
찾아오는
법!

• 준비가 되어 있다

만약 운이 좋아서 눈앞에 기회가 왔다고 하자. 그때 그 기회를 잘 살릴 수 있는 사람은 어떤 사람일까? 그것은 바로 그 기회를 능히 감당할 수 있는 역량을 갖춘 사람일 것이다. 그 사람은 사실 운과는 상관없이 계속 꾸준히 노력해 온 사람, 즉 준비가 되어 있는 사람이다.

• 자기 분수를 잘 안다

갑자기 호박이 넝쿨째 굴러들어 오길 바라고 있는 사람에게 행운은 절대로 가지 않는다. 설사 행운이 간다고 해도 그것은 머지않아 불행으로 바뀌기 쉽다. 그 운으로 인해 인생이 꼬이게 될 우려가 있기 때문이다. 운을 맞아들이기에 합당한 노력을 거치지 않은 사람에게 운이 주어진다면 언젠가 그에 대한 대가를 반드시 지불하지 않으면 안 된다.

반대로 열심히 노력한 결과 행운이 찾아오게 된 사람은 별다른 동요 없이 평소 하던 대로 할 일을 한다. 자신에게 행운이 찾아올 리 없다고 생각하며 매사에 겸손하다.

• 실패하더라도 금방 털고 일어선다

운이 찾아오지 않는다고 불평하거나 자포자기하는 사람이 있다. 하지만 그것은 결과적으로 행운을 점점 더 멀어지게 할 뿐이다.

운이 찾아오는 사람은 불행한 일도 담담하게 받아들인다. 불행 또한 일종의 운이라고 생각한다. 실제로 우리가 인생에서 겪는 고통은 반드시 무언가 큰 깨달음을 동반한다. 따라서 그들은 어떤 불행도 적극적이고 긍정적으로 받아들인다. 살다보면 불운도 있을 수 있는 일이라고 생각한다. 따라서 불운이 닥치더라도 큰 충격을 받지 않고 금방 털고 일어선다. 바로 이런 사람들에게 행운이 찾아간다.

• 옳은 일을 한다

'어떻게 하면 행운이 찾아오는가?' 라는 질문에 대해 가장 많이 들은 답변은 '옳은 일을 하고 있기 때문'이라는 말이었다. 옳지 않은 일을 해서 행운이 찾아오는 경우는 없다. 옳은 일에는 사람들이 많이 따르기 마련이다. 많은 사람들의 지지와 응원이 모여서 운을 불러들인 것인지도 모른다.

• 자신을 과신하지 않는다

운도 하나의 실력이라는 말을 자주 듣지만 이 말의 진의에 대해서는 조금 조심할 필요가 있다. '실력은 없는데 우연히 운이 좋았다.'와 같은 경우도 실제로 존재하기 때문이다. 하지만 그것을 실력이라고 착각하는 순간부터 자신도 모르게 비극이 시작된다.

어떤 경우에도 자신은 아직 그럴 능력과 자질이 안 되는데 우연히 운이 좋았기 때문이라고 진심으로 생각할 수 있는가? 주변 사람들은 당신의 일거수 일투족을 눈여겨 보고 있다. 그리고 그들은 어떠한 경우에도 겸허한 사람을 더 많이 응원하고 지지해준다. 그리고 겸허한 사람만이 오랫동안 성공을 유지할 수 있다.

6

전나무

미래보다는 오늘의 행복을 보라

숲 속에 작은 전나무가 있었다.

"빨리 큰 나무가 되었으면……."

전나무는 빛나는 태양 빛도 하늘에 떠가는 구름도 무엇 하나 눈에 들어오지 않았다. 오로지 하루 빨리 큰 나무가 되고픈 생각뿐이었다. 해님이 그 모습을 보고 이렇게 말했다.

"한창 즐길 수 있을 때 마음껏 즐겨라. 큰 나무가 될 때까지 매 순간을 놓치지 말고!"

전나무는 해님이 하는 말의 의미를 전혀 알 수 없었다.

크리스마스가 다가오자 나무들이 하나 둘 베어져 어딘가로 실려 갔다.

"저 나무들은 다 어디로 가는 거지?"

참새가 대답했다.

"크리스마스트리가 되는 거야. 금색 인형과 양초로 예쁘게 장식될 거야."

전나무는 그 모습을 상상해 보고는 자기도 빨리 크리스마스트리가 되고 싶어 안달이 났다.

"나도 얼른 자라서 빨리 크리스마스트리가 되었으면……."

해님이 다시 충고했다.

"즐길 수 있을 때 지금 이 순간을 즐겨라! 이 광활한 숲 속에서 젊음을 생생히 만끽하여라."

세월이 흘러 어린 전나무는 듬직하고 아름다운 큰 나무로 성장했다.

"이 나무가 크리스마스트리에 안성맞춤이네!"

전나무는 나무꾼에게 베어져 어떤 집으로 팔려갔고, 거실에 놓여 예쁜 장식물과 과자와 촛불로 장식되었다. 맨 꼭대기에는 금빛으로 반짝이는 별이 장식되었다.

"아, 정말 아름다워!"

전나무는 앞으로도 이와 같은 화려한 날들이 계속 될 것이라 생각하니 흥분된 마음이 좀처럼 가라앉지 않았다. 잠시 후, 거실에 꼬맹이들이 우르르 몰려나와 전나무 주변을 빙글빙글 돌면서 즐거운 시간을 보냈다. 순간 전나무는 마치 자신이 스타라도 된 것 같은 착각에 빠졌다.

"와, 선물이다!"

아이들이 트리에 걸려 있는 선물을 떼내 각자 방으로 사라지고 촛불이 다 탔을 즈음에는 트리에 장식되었던 여러 장식물들도 다 치워졌다. 그리고 더 이상 전나무 트리에게 눈길을 주는 사람은 아무도 없었다.

다음 날 아침, 전나무는 다락에 있는 창고로 옮겨졌다. 그곳은 어둡고 추운 곳이었다. 그 곳에서 전나무는 완전히 혼자가 되었다. 찾아오는 것은 오로지 쥐들뿐이다. 쥐는 전나무에게 말했다.

"전나무야, 재미있는 얘기 좀 해 줘."

그때 전나무에게 떠오른 것은 옛날 숲 속에서 지내던 날들이었다. 햇살이 비치고 작은 새들이 노래하던 숲 속! 숲 속 이야기를 들려주다가 전나무는 문득 그때야말로 얼마나 행복한 시절이었는지 새삼 깨닫게 되었다.

어느 날 전나무는 정원으로 옮겨졌다.

"어쩌면 지금부터 다시 좋은 일이 생길지도 몰라."

전나무는 기뻤다. 하지만 웬 남자가 다가와서는 전나무를 도끼로 찍어대기 시작했다. 그렇게 장작더미가 된 전나무는 화로 속에서 탁탁 소리를 내며 타들어가면서 내내 숲 속을 그리워했다. 주변이 온통 반짝반짝 빛나던 여름날의 숲 속, 하늘 가득 별들이 빛나던 겨울날의 숲 속.

"아, 그때 좀 더 즐겼더라면 좋았을 걸……."

마침내 전나무는 화로 속에서 활활 타오르다 하얀 재가 되고 말았다.

이 땅에 태어난 것이 행복이다

나중에 좀 더 좋은 일이 기다리고 있을 것만 같은 막연한 기대감에 부풀어 지금 현재가 얼마나 소중한지 느끼지 못하는 경우가 많다. 특히 젊을수록 그런 경향이 강하다.

한 경영자는 다음과 같은 말을 했다.

"지금 시대는 역사상 가장 풍요롭고 자유로운 시대이다. 설령 불황이 온다고 해도, 주가가 떨어진다고 해도 목숨을 잃는 것은 아니지 않은가? 이 땅에 태어난 것만으로 행복하게 생각해야 된다. 그 사실을 명심하고 충분히 행복을 만끽해야 된다."

물론 그와 같은 행복에 안주해 아무것도 하지 않고 자기계발을 게을리 한다면 문제가 되겠지만 적어도 자신이 얼마나 많은 행운에 둘러싸여 있는지에 대해서는 감사하는 마음을 가져야 할 것이다. 미래에 대한 기대도 중요하지만 우선은 눈앞의 행복을 감사히 여기고 만끽하는 것이 더 중요하지 않겠는가!

눈앞의 일에서부터 미래는 열린다.

40대 중반부터 20년간 사업을 급속히 성장시킨 사업가가 있었다. 700억 원 정도였던 연매출이 1조 5천억 원을 넘어설 정도였다. 사업을 하는 동안 그에게도 네 번 정도의 위기가 있었다고 한다. 그것을 어떻게 극복했는지에 대한 물음에 그는 이렇게 대답했다.

"무조건 눈앞의 일을 열심히 했을 뿐입니다. 그렇게 하다 보면 다음 과제와 다음 힌트가 주어지고 다시 그것에 도전하게 되고……."

'회사의 규모가 커지게 되면'과 같은 미래의 일에 대해서는 전혀 생각하지 않았다고 한다. 그는 또한 다음과 같은 말도 했다.

"격변하는 시대에는 미래 같은 건 예측할 수가 없다. 당장 내일 주가도 모르는데 미래에 히트할 주식같은 건 알 턱이 없다. 그러니 그런 것을 생각하기보다 눈앞의 일을 열심히 하는 편이 낫다. 그러다 보면 반드시 미래는 열릴 테니까. 미래의 일에 신경 쓰느라 현재를 소홀히 하는 회사와 사람들이 얼마나 많은가! 나는 그들에게 무엇보다 눈앞의 일에 전력을 다하라고 강조하고 싶다."

실제로 그는 경영 목표조차 만들지 않았다. 수치를 달성하고자 하면 너무 무리를 하게 되어 결국 회사에 타격을 줄 수도 있다는 생각에서였다. 굳이 목표가 있다면 지난 해보다는 성장하자는 것이었다. 단지 그뿐이었다.

다른 회사와 비교하거나 남과 비교하는 일도 하지 않았다. 그런 일을 한들 아무런 의미가 없기 때문이다. 굳이 비교하고 싶다면 작년의 자신을 라이벌로 삼아야 한다고 그는 말한다.

'무조건 눈앞의 일에 매진하고 즐긴다.'

만약 젊은 시절부터 이런 마음가짐으로 하루하루를 보낸다면 정말 의미 있고 알찬 나날을 보낼 수 있을 않을까!

7

꿈을 사다

천직을 찾으려면…

몰락한 상인과 화가가 여행 도중 큰 나무 아래에서 만났다.

상인이 신변잡기를 늘어놓는 동안 화가는 꾸벅꾸벅 졸며 이상한 꿈을 꿨다. 산 너머에 있는 한 백만장자의 큰 집, 그 정원에는 흰 동백꽃이 있고, 그 옆으로 한 마리의 곤충이 날아다니고 있었다. 그리고 그 나무 밑을 파자 황금이 가득 들어 있는 병이 나오는 꿈이었다.

상인은 화가에게 그 꿈을 자기가 사겠다고 하며 돈을 건넸다. 그리고 상인은 화가가 꿈에서 본 그대로의 산 너머 백만장자의 큰 집을 찾아 갔다. 정원에는 화가가 얘기한 것처럼 동백나무가 가득했지만 꽃은 아직 피지 않았다. 그래서 상인은 꽃이 필 때까지 그 집에서 일손을 거들며 기다리기로 했다.

드디어 겨울이 서서히 물러나면서 동백꽃이 피어나기 시작했다. 그러나 하나같이 다 빨간 꽃뿐이었다. 어쩔 수 없이 상인은 다음 해까지 기다렸다. 그리고 마침내 빨간 꽃들 가운데 딱 한 송이 흰 꽃이 피어난 동백나무를 찾아냈다. 그 주위에 한 마리의 곤충도 날아다니고 있었다.

상인은 당장 그 나무 밑을 파기 시작했고, 정말 화가가 말한 대로 황금이 가득 든 병이 나왔다. 상인은 그 황금의 반을 집 주인에게 나눠주고 자신은 나머지 반으로 장사를 벌여 큰 성공을 거두었다.

자신의 천직을 어떻게 찾을까?

천직이라는 말이 있다. 하늘로부터 주어진 일이라는 뜻이다. 자신에게 천직인 일을 찾아 하면 비록 힘이 들더라도 진정한 일의 즐거움을 알게 되고 보람도 느낄 수 있다. 그와 같은 천직에 종사하게 된다면 그보다 더한 행복은 없을 것이다.

많은 성공한 사람들을 취재하면서 "정말 천직인가 봅니다. 어떻게 자신의 천직을 찾을 수 있었습니까?"와 같은 질문을 자주 했다. 하지만 천직을 어떻게 발견했는지에 대한 대답은 천차만별이었다. 좋아했기 때문에, 관심이 있어서, 친척과 지인이 하는 일이다 보니, 대학교수님의 조언으로, 뭔가 큰 일을 할 수 있을 것 같아서, 해외에 관심이 있어서… 등등 다양했다. 물론 '어렸을 때부터 꿈이었기 때문'이라고 대답한 사람도 있었다.

재미있는 것은 절반 이상의 사람들이 '어쩌다보니 우연히 지금과 같은 일을 하게 되었다.'는 대답을 했다는 사실이다. 상장기업 경영자 중에는 '우연히 학교 선배가 그 일을 하고 있었다.', '아버지가 이 업계에서 일하고 있었다.'와 같은 이유 외에 '친구가 회사 면접을 보러 간다고 해서 같이 갔는데 나만 합격했다.'와 같은 답변도 있었다. 일등 사원들에게서 자주 듣는 답변은 '이 회사가 맨 처음에 합격한 회사였기 때문에'였다. 또 금융업에 종사하는 한 사람은 '학생들이 그렇게 쉽게 천직을 찾을 수 있겠는가? 나는 나를 필요로 하는 회사라면 그 곳에서 내 능력을 발휘할 수 있을 거라고 생각했다.'라는 답변을 했다.

천직을 찾는 방법은 의외로 이와 같은 게 아닐까? 어떤 식으로든 '우연'이 큰 의미를 차지한다. 바꾸어 말하면 우연과 인연을 얼마나 진지하게 받아들일 수 있는지, 또한 그럴 준비가 되어 있는지에 대한 문제이기도 하다.

자기에게 일어나는 사소한 일들을 무심코 그냥 지나쳐버릴 게 아니라 잠시 발걸음을 멈추고 관찰해 보는 건 어떨까? 어쩌면 그 곳에 천직에 대한 힌트가 숨어 있는지도 모를 일이다.

끝까지 자신을 믿어라

그리고 또 하나, 그러한 우연을 스스로 의미 있게 받아들이고 일정기간 동안 열심히 일했다는 점도 성공한 사람들에게서 찾아볼 수 있는 공통점이다. 물론 우연히 하게 된 일이니 처음부터 그렇게 잘 됐을 리 없다. 좀처럼 생각한 대로 성과를 낼 수 없었던 적도 틀림없이 있었을 것이다. 그래도 그들은 '이 길이 내 길이 아닌 게 아닐까?'라는 생각을 하지 않았다. 결과가 나오든 안 나오든 '이 업계에서 한번 열심히 해보자'는 생각만으로 그 일에 매진한 것이다.

거대 IT기업에서 젊은 나이에 최고 경영자로 발탁된 한 경영자는 대학을 갓 졸업하고 입사했던 회사에서 월급을 거의 받지 못했다고 한다. 놀랍게도 30대 후반까지 욕실도 없는 작고 오래된 아파트에 살았다고 한다. 그래도 쉽게 그만둘 생각을 하지 않았다. 그때의 소중한 경험이 나중에 IT업계로 이직할 수 있는 기회를 만들어주었다. 아직 인터넷이 별로 대중화되지 않았던 시대에 큰 잠재력을 가진 회사에 들어가는 데 성공한 것이다. 그 다음부터는 출세의 탄탄대로를 달렸다고 한다.

사실 그 일이 천직인지 아닌지를 알기 위해서는 긴 시간이 필요하다. 성과를 내는 데에도 긴 시간이 필요하다. 중요한 것은 '얼마나 우연을 끝까지 믿을 수 있는가? 얼마나 자신을 끝가지

이 녀석
아직 살만
한게야
얍!
힘들 때가
왜 없겠어요?
GBS
이 일이
좋으니깐,
버티는 거죠!

믿을 수 있는가? 얼마나 끈기가 있는가?'일 것이다.

'몇 년 안에 단숨에'라는 것도 꿈을 실현하기 위한 하나의 방법일 수 있지만, 중요한 것은 성공을 계속 유지해 가는 것이다. 인생은 길다. 그렇다면 시간을 들여 성공하는 편이 오히려 더 행복한 길이 되지 않겠는가!

CHAPTER 4

인간관계를 바꿔주는 7가지 이야기

사소한 기술만 알면 대인관계는 문제없다

1

당나귀를 사려는 남자

어떤 사람을 사귀느냐에 따라 인생이 바뀐다

당나귀를 사고 싶은 한 남자가 결정을 내리지 못하고 망설이고 있었다. 그러자 당나귀 장수가 이렇게 말했다.

"이 당나귀는 정말 부지런해요. 시험 삼아 2,3일 집에 데리고 가서 지켜보는 건 어때요?"

남자는 당나귀를 집에 데리고 와서 자신이 키우고 있던 여러 당나귀와 같이 마구간에 넣었다. 그러자 그 당나귀는 제일 게으르고 먹보인 당나귀 옆에 가서 자리를 잡는 게 아닌가!

그것을 본 남자는 그 길로 당장 당나귀를 끌고 당나귀 장수에게 넘겨주며 이렇게 말했다.

"이 당나귀는 게으른 데다가 먹기만 할 것 같아 안 사기로 했어요. 2,3일 지켜볼 것도 없어요. 왜냐하면 이 당나귀가 선택한 동료를 보면 안 봐도 뻔해요!"

우수한 인재를 채용하는 간단한 방법

이 장에서는 사람과의 교제, 인간관계를 되돌아보기 위한 동화를 소개한다. 또한 사업에 필요한 강한 조직을 만드는 데 도움이 될 만한 이야기도 준비했다. 첫 번째 이야기에서는 인간관계에서 필요한 근본적인 원칙을 명쾌하게 보여주고 있다.

급격한 성장을 이뤄낸 벤처기업의 한 경영자가 자신의 인재채용 노하우에 대해 얘기한 적이 있었다. 그의 핵심 노하우는 '우수한 인재를 통해 우수한 인재를 모집한다.'는 것이었다.

오랫동안 일을 하면서 '우수한 인재는 우수한 인재와 같이 일을 하고 싶어 한다.'는 것을 알게 되었다고 한다. 우수한 인재입장에서도 이왕이면 비슷한 사람과 함께 일하는 것이 편하기 때문이다. 반대로 말하면 일하기 불편한 환경에서는 언제 이직할지 모르는 일이다. 그들은 언제 어디로든 쉽게 이직할 수 있는 능력을 갖춘 인재이기 때문이다.

그래서 그는 우수한 인재가 편하게 일할 수 있는 환경을 확실하게 만들어주면 되겠다고 생각했다. 우수한 인재가 편하게 일하고 있는 것을 보면 '이 회사는 좋은 회사구나!'라고 생각하는 것은 물론이고, 그를 아는 또 다른 우수한 인재가 같이 일하고 싶어 할 것이라고 확신한 것이다. 이른바 '유유상종' 작전으로 그는 우수한 인재가 많이 모이는 회사를 만들었고, 그들 덕에 회사는 새로운 개념의 서비스를 창출해 급성장할 수 있었다.

몰락하지 않았던 경영자는 어떤 점이 달랐을까?

한 기업가는 주식을 상장시킨 젊은 경영자들이 많았던 IT 버블 기에 회사를 상장시켰다. 그러나 비슷한 시기에 상장시켰던 많은 회사의 경영자들은 얼마 가지 못하고 금세 IT업계에서 사라졌다. 이유는 다양했다. 회사운영이 잘 안 되어 대표가 바뀌거나 은퇴하는 경우도 있었고, 회사가 매각되거나 스캔들에 휘말려 몰락하는 경우도 있었다.

그런 가운데 그는 온갖 풍파를 겪으면서도 경영 일선에서 끝까지 살아남았다. 그에게 어떻게 살아남을 수 있었는지 그 비결을 물었을 때 그는 자신만의 비결을 이렇게 말했다.

"동세대 경영자들과는 교제하지 않았습니다. 일부러 윗세대 경영자들하고만 교제했죠."

비슷한 입장, 비슷한 상황에 처해 있는 동세대 경영자들과 모이면 떠들고 즐기는 소모적인 모임밖에 되지 않았다고 한다. 서

로 모여서 편을 가르거나 푸념만 늘어놓을 뿐이었고, 뭔가 일이 터져도 해결책을 찾기보다는 서로 자신을 정당화하기에 급급했다는 것이다. 반면에 윗세대 경영자들과의 교제는 처음에는 상당히 성가시고 불편한 일이었다고 한다. 언행도 항상 조심해야 하고 모임 내내 긴장하고 있어야 했기 때문이다. 게다가 때로는 꾸짖음까지 당해야 했으니 결코 마음 편한 자리는 아니었다. 하지만 굳이 자신을 그런 환경에 내던지는 것만으로도 동세대 경영자들이 하나 둘 몰락해 가는 대열에 끼지 않을 수 있었다고 한다. 교제 대상을 바꾸는 것만으로 자신의 활동무대를 바꿀 수 있었던 것이다.

어떤 사람과 교제할지 주의해야 된다고 지적한 사람들은 헤아릴 수 없이 많다. 운이 나쁜 사람, 성과를 내지 못하는 사람들과 사귀면 그들에게 영향을 받아 자신도 비슷한 상황에 처하게 된다는 것. 반대로 운이 좋은 사람, 성공한 사람들과는 그들과 교제하는 것만으로 운명이 달라진다고 말한다.

2

신의 동상을 짊어진 당나귀

겸허하다는 건 얼마나 어려운 일인가?

어떤 사람이 당나귀에게 신의 동상을 짊어지게 해서 길을 가고 있었다. 길에서 마주친 마을 사람들은 하나같이 그들 앞에 멈춰 서서 정중히 머리를 조아렸다. 그 모습에 당나귀는 점점 우쭐해졌다.

"어, 다들 내게 머리를 숙이고 있잖아? 역시 난 대단한 존재인가 봐. 이런 내가 이따위 짐이나 지고 있다는 게 말이 돼?"

당나귀는 등에 진 동상을 내팽개치고 싶은 마음에 갑자기 걸음을 멈추고 날뛰기 시작했고, 결국 신의 동상을 바닥에 떨어뜨리고 말았다. 당나귀 주인은 갑자기 당나귀가 날뛰는 이유를 금방 알아채고, 채찍으로 당나귀 엉덩이를 때리며 이렇게 꾸짖었다.

"이 멍청한 당나귀야! 마을 사람들이 머리를 숙인 건 네가 아니라 네가 짊어지고 있는 신의 동상 때문이야. 네놈이 마치 신이라도 된 것처럼 착각하나 본데, 아무리 위대한 신의 동상을 짊어지고 있다고 해도 너는 일개 당나귀일 뿐이야! 당나귀 주제에 언감생심 네가 신처럼 행세하려고 들어!"

남들이 떠받든다고 우쭐해져서 오만방자하게 군다면 당나귀처럼 비웃음을 당할 뿐이다.

유명 경영자가 악플 세례를 받은 이유

비즈니스 세계에서는 아무리 높은 지위와 권력, 성공을 손에 넣었다고 하더라도 결코 우쭐대거나 오만해서는 안 된다는 교훈을 주는 이야기이다.

'그런 뻔한 이야기는 할 필요 없다. 나는 그렇게 자기 분수도 모르고 우쭐해하지 않는다.'고 생각하는 사람도 많을 것이다. 하지만 어떤 상황에서도 우쭐해하지 않고 한결같은 마음을 유지한다는 게 얼마나 힘든 일인지 진지하게 생각해 본 적이 있는가?

한 기업가가 인터넷 상에서 악플 세례의 주인공이 되었다. '유명 경영자인 만큼 굳이 비난받을 만한 글을 올리지도 않았을 텐데….' 하고 생각하다가 마침 취재때문에 그를 만나게 되었고 놀랄만한 '진실'을 알게 되었다. 그가 스스로 사람들의 비난 댓글을 유도하는 글을 올렸다는 사실을 털어놓은 것이다. 어째서 그런 일을 벌였냐고 물었더니, 자신을 경계하기 위해서라고 했다. 경영자로서 순풍에 돛단 듯이 일이 잘 풀리다보면 자신도 모르게 어느 순간부터 자만하게 된다는 것이다. 자신이 자신도 모르게 변할 수도 있다고 생각한 것은, 어쩌면 오랫동안 비즈니스 세계에 몸담고 있으면서 그와 같은 사람들을 많이 봐왔기 때문일지도 모른다. 겸손함을 잃어버리는 순간 그 기업은 절대로 잘 될 수가 없다. 그래서 그는 타인의 힘을 빌려서라도 우쭐해져 있는 자신의 코를 납작하게 만들기 위해 그렇게 인터넷 상에서 위험한 도발을 감행했다고 한다.

스스로 악플을 유도해 철저하게 두들겨 맞은 것이다. 물론 쇄도하는 비난 댓글에 화가 나기도 했지만 덕분에 우쭐해지려던 마음을 잘 다잡을 수 있었다고 한다. 그 역시 주변의 성공한 사람들의 놀랄 정도의 겸허한 태도를 보면서 배운 바가 많았다고 한다.

'고생은 사서라도 하라.'는 속담을 그는 '겸허함은 악플 세례를 받아서라도 유지하라.'는 말로 바꾼 셈이다. 그만큼 끝까지 겸허함을 유지한다는 것이 얼마나 어려운 일인지에 대해 새삼 마음에 깊이 새기게 만드는 이야기이다.

겸손과 배려를 실천하는 사람

겸허한 자세가 얼마나 중요한지에 대해서는 전혀 다른 분야의 사람들을 취재하는 과정에서도 많이 들은 이야기이다.

예를 들면, 항상 주역을 도맡는 한 아티스트가 있다. 특유의 솔직한 성격 때문에 여성들은 물론 남성들로부터도 큰 인기를 얻고 있는 남성 솔로 아티스트인데, 인터뷰에서 본 그의 모습은 정말 겸손했다.

처음에 그를 인터뷰하기 전에는 '실제로는 어떤 사람일까? 인터뷰에 제대로 응해주기는 할까?' 하는 생각에 너무 긴장이 돼서 가슴이 쿵쾅거리기까지 했다. 솔로 콘서트를 할 때마다 그의 공연을 보러온 사람들이 그 큰 공연장을 가득 채울 정도로 인기가 대단했기 때문이다. 하지만 실제로 만난 그는 예상과는 달리 놀랄 정도로 친절한 사람이었다. 그리고 정말 겸손했다. '자신은 남들이 말하는 것처럼 훌륭한 사람이 아니다. 잘난 체하며 남들에게 설교할만한 사람이 못 된다. 그 부분에 대해서는 꼭 제대로 적어 달라.'라는 부탁까지 했다.

솔로 아티스트로서의 성공에 대해서도 이렇게 얘기했다.

"나 혼자만 노력해서 지금의 성과를 낸 것이 아니다. 나는 아티스트의 이름을 내걸고 있는 프로젝트의 한 구성원일 뿐이다. 우연히 앞에 나서서 노래를 부르고 있을 뿐이고, 프로젝트는 매

니저, 프로듀서, 밴드 멤버를 비롯하여 관계자 전원이 만들고 있다. 나는 그 사실을 항상 명심하고 있다."

내가 만나본 성공한 사람들은 대부분 겸손한 사람들이었다. 서비스 정신도 투철해서 내 입장을 충분히 잘 이해하고 배려해 주었다.

사실 조금 예외적인 사람들도 몇 있었지만 그런 사람들은 하나같이 성공이 오래 가지 못했다. '신은 역시 잘 파악하고 있구나!' 하고 새삼 깨닫게 됐다.

3

꿀벌과 신

상대가 불행해지기를 바라면 자신도 불행해진다

꿀벌은 열심히 꿀을 만들어 인간에게도 나눠주고 있었다.

그러던 어느 날, 꿀벌은 문득 인간에게 꿀을 나눠주는 게 아깝게 느껴졌다.

그래서 여왕벌이 신을 찾아가 간청했다.

"꿀을 얻으러 오는 인간을 찌를 수 있도록 저희에게 침을 내려주십시오."

그 말을 들은 신은 꿀벌이 꿀을 혼자서만 독차지하려고 하는 이기적인 마음을 알아채고 화를 내며 다음과 같이 말했다.

"그래? 네 부탁은 반만 들어주마. 꿀을 가지러 오는 인간을 찌를 수 있도록 침을 내려주겠다. 그 대신 몸에서 침이 빠져나가는 순간 너희 벌들은 목숨을 잃게 될 것이다."

상대를 원망하면 그대로 부메랑이 되어 자신에게 돌아오게 된다.

신을 모시고 기도하는 이유

어느 날 한 기업가의 사장실에 발을 들여놓은 순간, 나는 내 눈을 의심했다. 거기에는 멋진 신단이 모셔져 있었다. 외국계 금융회사 출신에 화려한 경력의 소유자인 사장과 신을 모신 신단이라니, 도저히 어울리지 않는 조합이었다. 더 놀라운 건 그가 매일 그 신단 앞에서 기도를 올린다는 사실이었다.

또 다른 외국계 컨설팅 회사 출신 경영자의 사장실에서는 사업번창에 신통하다고 알려진 신사의 부적을 보기도 했다. 그 부적은 크기도 큰데다 눈에 잘 띄는 곳에 놓여 있었다. '컨설턴트'와 '신사의 부적'이라는 전혀 어울리지 않는 조합이 신기해서 어떻게 신사의 부적을 사장실에 두게 되었는지를 물었다.

"비즈니스 성과는 사실상 종이 한 장 차이입니다. 마지막에는 결국 운이 좌우하지요. '나는 못 하는 게 없다, 완벽하다.'라고 자만해지는 것을 막기 위해서 항상 모든 일의 마지막에는 신이 결정하는 것이라고 믿고 있습니다. 그래서 이렇게 열심히 신에게 기도 드리고 있는 겁니다."

그제야 납득이 됐다. '정말 능력 있는 사람들이란 이렇게까지 겸허하구나!'라는 생각이 들었다. 그들이 그렇게 겸허한 것은 현실을 잘 알고 있기 때문이 아닐까. 현실세계는 우리가 계산한 대로 움직여주지 않는다. 생각지도 못했던 일, 불공평한 일, 이치에 맞지 않는 일들이 무시로 일어난다. 자신의 힘만으로 어떻게든 될 거라고 생각해서는 안 된다. 그래서 신에게 두 손을 모으고 기도를 올린다. 마지막은 신에게 일임하는 것이다.

옳지 못한 일을 하면 부메랑을 맞는다

신을 믿는다는 것은 신이 싫어하는 일은 하지 않겠다는 마음가짐이기도 하다.

옳지 못한 일을 하면 그에 대한 대가를 언젠가 받게 된다. 따라서 가능하면 옳은 일을 하고자 하고 옳지 않은 일은 하지 않으려고 노력한다. 두 손을 모으고 신에게 기도한다는 것은 바로 그런 의미가 아닐까.

인간은 약한 존재이므로 때로는 자기도 모르게 옳지 못한 길을 선택할 때도 있다. 하지만 신을 의식한다면 옳지 못한 일은 결코 해서는 안 된다는 제동이 저절로 걸릴 것이다. 상대방의 불행을 바라는 일은 그 중에서도 가장 해서는 안 될 일이다. 라이벌이 성공하는 모습을 진심으로 축복하는 것은 힘든 일이다.

수산
자기밖에 모르는 사람!
남의 험담만 하는 사람!
또 속을 끓이나?
어떻게 알았지?

그렇다고 상대방이 불행해지기를 기원하는 것은 결코 옳은 일이 아니다. 다른 사람의 불행을 기원하는 사람의 마음이 편할 리가 없다. 그렇다면 당연히 그런 일은 하지 않는 게 최선이다.

4

우리 안의 사자와 여우

욕하는 소리는 무시하는 용기를!

숲 속을 걸어가던 사자가 사람이 놓은 덫에 걸렸다. 산 채로 잡힌 사자는 우리에 갇히는 신세가 되고 말았다.

한참 후 우리 앞에 나타난 여우가 갇혀 있는 사자에게 말했다.

"인간이 친 덫에 그렇게 쉽게 잡히다니 정말 바보가 따로 없네! 별로 지혜롭지도 않으면서 지금까지 아주 잘난 척 군림하더라니!"

여우에게 무시당한 사자는 이렇게 생각했다.

'운이 없어 안 좋은 일에 휘말리면 그 틈을 타서 욕을 하고 무시하는 놈들이 나오기 마련이지. 괜히 상대했다가는 열만 받으니까 이놈이 하는 말은 무시하도록 하자.'

욕을 전하는 사람과 욕하는 사람

"내 욕을 하고 다니는 사람은 절대로 가까이 하지 않습니다."

이렇게 단언한 IT업계 경영자가 있었다.

"인생에서 시간은 소중합니다. 내 욕을 하는 사람들과 굳이 교제할 필요가 있나요? 그보다는 나와 마음이 맞는 사람들과 즐거운 시간을 보내는 게 훨씬 낫지요."

놀라운 건 그 다음 말이었다.

"예를 들면 누군가가 내 욕을 하고 다닌다고 내게 굳이 알려주는 사람이 있어요. 저는 누가 어디에서 내 욕을 하고 있더라고 알려주는 그 사람도 절대 가까이 하지 않습니다."

자신의 욕을 하는 사람뿐만 아니라 누가 자신을 욕하고 있더라고 전하는 사람과도 절대로 상대하지 않는다는 것이다.

"괜히 나만 불쾌해질 뿐이잖아요. 일부러 내게 불쾌함과 불행을 전해주는 사람은 상대하지 않는 게 나아요."

물론 친한 사람의 '이렇게 하는 게 어때요? 이런 점은 좀 고치는 게 좋을 것 같은데.'와 같은 지적과 충고는 기꺼이 받아들인다고 한다.

"하지만 나를 잘 모르는 사람, 또는 믿을만한 사람인지 잘 알지도 못하는 사람들의 말까지 굳이 반응할 필요가 있을까요?"

그의 명쾌한 말에 나도 모르게 고개가 끄덕여졌다.

글 쓰는 것의 무서움을 모르는 사람들

인터넷의 등장으로 일반인들도 간단히 인터넷 상에 자신의 의견을 글로 올릴 수 있게 되었다. 그 중에는 공감할 만한 글도 있지만 도저히 읽을 수 없을 정도로 상대방을 매도하는 악성 글도 있다.

내가 미디어 세계에 겨우 발끝을 담그고 있으면서 항상 느끼는 것은 글을 쓴다는 것의 무서움이었다. 글 하나로 인해 오해를 부를 수도, 상처를 입힐 수도, 누군가를 분노하게 할 수도 있기 때문이다. 이처럼 글이라는 건 언제든 엄청난 흉기로 변할 가능성을 지니고 있다. 이 사실을 모른 채 함부로 글을 쓰면 때로는 상상도 못한 엄청난 일이 일어날 수도 있는 것이다.

그러나 이 사실을 마음에 새기고 있다면 인터넷 상의 글이나 댓글을 액면 그대로 받아들이는 일은 결코 없을 것이다. '무서운 줄도 모르고 가볍게 입을 놀리고 있군.'하고 생각하면 그뿐이다. 익명일수록 정도는 더 심하다. 그럼에도 불구하고 그런 댓글을 진지하게 받아들이는 사람들이 많다. 그것이야말로 그런 댓글을 남긴 사람이 바라는 바일 것이다. 그런 사람들에게 앞서 얘기한 경영자의 말을 다시 한 번 들려주고 싶다. 일일이 신경 쓸 게 아니라 그냥 무시하면 된다고!

나는 인터넷 상에서 누가 내 욕을 하더라도 신경 쓰지 않는다.

그런 사이트를 아예 가까이 하지도 않고 그런 상황에 말려들지 않는다. 일체 보지도 않고, 상관하지도 않는다.

심한 말을 함부로 내뱉는 사람들은 대체로 행복하지 못한 사람들이다. 그런 사람들까지 일일이 상대할 필요는 없다.

5

사자에게 은혜를 갚은 쥐

외양만 보고 함부로 판단하지 마라

사자가 동굴에서 낮잠을 자고 있었다. 그 곳에 덜렁이 쥐가 천방지축으로 돌아다니다가 그만 사자에게 부딪히고 말았다.

"내 단잠을 방해하는 게 누구냐?"

화가 난 사자가 쥐를 잡아서 한입에 털어 넣으려고 하자 사색이 된 쥐가 간청을 했다.

"사자님, 제발 날 잡아먹지 말아주세요. 그렇게만 해주시면 꼭 은혜를 갚을 게요."

그 말을 들은 사자는 배를 잡고 웃었다.

"하하하! 네까짓 게 내게 어떻게 은혜를 갚는단 말이냐!"

유쾌해진 사자는 그냥 쥐를 놓아주었다.

그리고 며칠이 지났다. 어느 날 사자는 숲 속에서 인간이 쳐

놓은 그물에 걸리고 말았다. 아무리 소리를 지르고 몸부림쳐도 빠져나올 수 없었고, 사자가 힘을 쓰면 쓸수록 그물은 더 단단하게 조여질 뿐이었다.

바로 그때 쥐 한 마리가 나타났다. 며칠 전 사자가 살려주었던 바로 그 쥐였다. 쥐는 이빨로 재빨리 그물을 갉아서 사자가 탈출할 수 있도록 도와준 뒤 이렇게 말했다.

"사자님, 나 같은 보잘 것 없는 쥐라도 이렇게 은혜를 갚을 수 있답니다."

무례한 태도로는 제 몫을 다하는 사람이 될 수 없다

안타깝게도 직책이나 직함으로 사람을 판단하려고 하는 사람이 많다. 유명한 회사에서 근무하고 높은 지위에 있는 사람과는 친하게 지내려고 애쓰면서, 이름 없는 회사에 근무하거나 아무런 지위가 없는 사람들은 상대도 하지 않으려 하는 것이다. 심지어 상대는 커녕 오히려 무례하게 구는 사람도 있다.

한 외국계 기업 최고 경영자를 취재하러 갔을 때, 매우 공감이 가는 이야기를 들었다. 그 최고 경영자는 택시 기사나 음식점 점원에게 함부로 대하는 사원을 보면 심하게 꾸짖는다고 한다.

그는 원래 항공회사에 근무했다. 퍼스트 클래스 승무원으로,

아니!
왜…?
저런 매너의
오너와는
거래하고 싶지
않아요~

진짜 초 인류의 사람들을 많이 만났다고 한다. 놀라운 건 그런 사람들이 오히려 접대하는 사람들에게도 정중하게 대했다는 사실이다. 훌륭한 사람일수록 누구에게나 정중하게 대하는 사람들이 많았다고 한다.

그래서 그는 사람을 지위나 직함으로 판단하지 말라고 사원들에게 입이 닳도록 당부한다고 한다. 누구에게나 평등하게 대하라고! 남에게 정중하게 대할수록 주변사람들로부터 신뢰감을 얻게 된다고! 이 간단한 진실을 알지 못하면 아무리 시간이 지나도 제대로 된 어른이 되지 못한다.

많은 사람들을 만나는 것이 일인 내가 안하무인인 사람들에게서 느낀 것은 상상력이 부족하다는 점이다. 그들은 남에게 무례한 태도를 보이면서 앞으로 그 사람을 두 번 다시 만날 일이 없을 것이라고 생각하고 있는 것 같았다. 하지만 정말 그럴까?

택시 기사나 음식점 점원이 자신의 비즈니스 고객이 될 가능성은 제로가 아니다. 만약 그런 상황이 되었을 때 어떤 얼굴로 그 사람들을 대할 것인가? 만약 자신이 마찬가지 취급을 당한다면 어떻게 생각할 것인가? 조금만 상상해 보면 금방 알 일이다.

단순노동부터 시작했다

"사소한 일이나 눈에 띄지 않는 일을 무시하는 사람도 마찬가지다. 큰 일도 훌륭한 일도 작은 일들이 모이고 쌓여야 가능한 일이다. 많은 사람들이 하는 작은 일들이 받쳐줬기 때문에 가능했던 일이다. 그것을 모르고 자신만이 훌륭한 일을 하고 있다고 착각한다면 나중에 된통 당하는 수가 있다."

이렇게 말했던 또 다른 외국계 기업 최고 경영자가 있었다. 그는 대학원을 졸업한 후 유명한 미국 금융기관에 입사했는데, 처음에 그가 맡은 일은 고객에게 보내는 편지를 봉투에 넣는 일이었다. '전문적인 공부를 해서 직업 제 일선에서 열심히 활약해야지.' 하는 마음에 부풀어 있던 그에게 생각지도 못했던 단순노동이 주어진 것이다.

'언젠가는 사람을 관리하는 입장이 된다. 만약 봉투에 편지를 넣는 사소한 일도 제대로 파악하지 못하고 있는 사람이라면 그 일을 하는 사람도 잘 관리할 수 없을 것이다. 작은 일을 소홀히 하는 사람은 큰 조직 관리도 잘 할 수 없다는 사실을 명심해라.'

이와 같은 말을 들은 그는 앞으로 아무리 작은 일도 결코 대충하는 일이 없도록 하자고 굳은 결심했고, 또한 아무리 작은 일이라도 소중히 여기게 되었다고 한다. 그 후부터 그는 점점 출세가도를 달리게 되었고, 마침내 최고 경영자 자리에까지 오르게 되었다.

아무리 작은 일이라도 필요하다면 해야 한다. 큰 일을 하고자 하는 사람일수록 그 사실을 명심할 필요가 있다.

6

양치기와 산양

사람은 이론대로 움직이지 않는다

폭풍우가 몰아치던 어느 날이었다. 양치기는 폭풍우가 그칠 때까지 양들을 안전한 곳에 피신시키기 위해 동굴로 향했다. 동굴 안에는 이미 산에 사는 양들이 피신 중이었다.

폭풍우는 쉽게 그치지 않았다. 동굴 안에 머무는 동안 양치기는 자신의 양들에게는 먹이를 조금만 주고 산양들에게는 먹이를 많이 가져다주었다. 그렇게 하면 산양들이 모두 자기에게로 와서 자기 양이 될 것이라고 생각했던 것이다.

마침내 폭풍우가 그치자 양들은 모두 밖으로 나왔다. 그러나 양치기의 생각과는 달리 산양들은 모두 산으로 돌아가 버렸다.

화가 난 양치기가 쫓아가자 산양이 이렇게 말했다.

"우리가 만약 당신의 양이 된다면 그때는 우리에게도 먹이를 조금밖에 안 줄 게 아니오."

이론은 정말 중요한 걸까?

'내가 계산해 본 바에 의하면' 등과 같은 이론으로 그렇게 쉽게 사람을 움직일 수 있는 게 아니다. '양치기와 산양'은 그것을 가르쳐 주는 동화이다.

한 외국계 기업 최고 경영자로부터 매우 재미있는 이야기를 들었다. 그는 처음에는 일본기업에서 일을 하다가 이론적인 사고와 전략을 더 배우고 싶어서 컨설팅 회사로 이직했다. 컨설턴트 시절에는 이론이 제일 중요하다고 생각했다. 철저하게 분석한 뒤 가설을 세워 계산하면 반드시 그 결과가 나올 것이라고 믿었던 것이다.

그런 생각으로 컨설팅 회사에서 다시 일반 기업으로 이직을 했고, 그 곳에서 컨설팅 시절에 배운 이론을 적용하려고 했지만 생각과는 달리 전혀 통하지 않았다. 그대로 실행하는 게 어려웠기 때문이다. 그때 그는 자신이 해 온 일이 얼마나 탁상공론이었는지, 이론과 달리 실행한다는 게 얼마나 어려운 것인지 절실히 깨닫게 되었다고 한다.

그리고 그는 이론보다 훨씬 중요한 것을 배웠다고 말한다. 그것은 사람을 움직인다는 것이 얼마나 어려운 일인가 하는 점이었다.

사람은 성격과 인센티브의 노예

기업재생으로 수많은 실적을 낸 한 경영자는 '사람은 성격과 인센티브의 노예'라고 말한다.

사람들은 어떤 식으로 행동하는지에 대해, 기업이 망하고 그 기업을 재생시키는 과정에서 그는 다양한 인간 드라마를 보게 되었다.

그 결과 '인간은 자기 성격에 맞지 않거나 불합리한 인센티브에는 움직이지 않는다.'는 것을 알게 되었다고 한다. 성격을 잘못 판단하거나 인센티브 설정을 제대로 하지 못하면 결코 처음 생각했던 결과를 얻을 수 없었던 것이다.

이 동화에서도 양치기는 양에 대한 인센티브를 완전히 잘못 생각하고 있었다. 단순히 먹이를 일시적으로 많이 받는다고 해서 산양이 순순히 양치기의 양이 될 수는 없다. 그렇다면 산양의 입장에서 기꺼이 산을 떠날 수 있는 인센티브에는 어떤 것이 있을까? 양치기는 그 점에 초점을 두고 궁리했어야 했다. 가능하면 양의 성격까지 파악해서!

사람들의 마음을 움직일 때는 산양의 경우보다 훨씬 복잡한 인센티브 설정이 필요하다. 설사 다소 설정을 잘못하더라도 불공평한 대응으로 신뢰를 잃어버리는 결과를 초래해서는 안 된다.

'성격과 인센티브'라는 2개의 키워드는 상대방과의 좋은 관계를 형성하기 위한 매우 알기 쉬운 검토 항목이다.

7

부자가 된 허드렛일 소년

최강의 인간관계 기술은 감사하는 마음이다

어떤 섬에 '사스케'라는 이름의 조금 모자란 소년이 있었다.

사스케는 아직 고기를 잡으러 나간 적은 없었지만 선주에게 부탁해 밥 짓는 일을 도와주는 허드렛일 담당 선원으로 고기잡이 배에 탈 수 있었다.

배에서의 허드렛일은 힘든 일이어서 다른 선원들이 모두 잠든 시간에도 사스케는 혼자 남아서 일해야 했다. 사스케는 음식을 항상 소중히 여겨서 함부로 버리는 일이 없었다. 식사 후 남은 음식은 '얘들아 어서 와서 먹어!' 라고 말하며 바다의 고기들에게 던져 주었다.

그 후 몇 년의 세월이 흘렀지만 사스케는 어부 일은 꿈도 못 꾸고 여전히 허드렛일만 하고 잇었다. 어느 날 혼자서 밤 늦게까지 일하고 있는데, 갑자기 파도 소리가 들리지 않고 배도 더 이상 흔들리지 않았다. 이상하게 여긴 사스케는 갑판에 나가 보았다. 그런데 이게 웬일인가? 바닷물은 온 데 간 데 없고 눈앞에 온통 광활한 사막이 펼쳐져 있는 게 아닌가. 달빛을 받아 반짝반짝 빛나는 사막을 본 사스케는 모래로 냄비를 닦으면 깨끗하게 잘 닦이겠다는 생각에 통에 한가득 모래를 담았다.

다음 날, 사스케는 다른 선원들에게 간밤에 벌어졌던 이야기를 들려줬지만 아무도 믿어주는 사람이 없었다. 그래서 어제 담아온 모래를 보여주려고 배 아래로 내려와 통 안을 들여다보았더니 놀랍게도 통 안에 든 것은 모래가 아니라 사금이었다.

선주는 사스케의 이야기를 듣고, 신이 사스케에게 사금을 하사한 것이므로 모두 사스케의 것이라고 말했다. 사스케는 하루아침에 백만장자가 되었다.

그 뒤로도 사스케는 여전히 음식을 소중히 여겼다. 그리고 사스케의 이야기가 전해 내려오는 그 섬에서는 지금도 남은 음식을 바다에 버릴 때마다 '얘들아 어서 와서 먹어!'라고 말하며 버린다고 한다.

주변에 항상 감사한다고 말하는 일등 사원

나는 경영자뿐만 아니라 일반 사원들도 자주 취재를 한다. 대부분 일등 영업사원들인데 그들에게 자주 듣는 말이 있다.

"일의 성과는 나 혼자서 만들어 낸 것이 아니다."

상사와 동료뿐 아니라 그 외에 다른 관계부서, 후배에 이르기까지 자세하게 이름을 열거하며 그들 덕분이라고 말하는 사람도 있었다. 그럴 때마다 '역시 일등사원답다!'라고 생각하곤 했다. 사실 그들이 말한 대로이다. 많은 사람들의 협력이 있었기 때문에 일등 사원이 될 수 있었던 것이다. 오로지 혼자 힘으로 성과를 낸 사람은 아무도 없다.

기업의 세계에만 국한된 이야기가 아니다. 영화나 드라마 제작 현장에서도 일류 배우일수록 주변 스테프에게 많은 배려를 한다. 그들 덕분에 자신이 주역을 잘 수행할 수 있는 것이라고 믿고 있는 것이다. 그 중에는 스테프에게 한턱 내기 위해 자주 술자리를 마련하는 배우도 있었다.

책을 만드는 일 역시 저자만의 힘으로 책이 만들어지는 것은 아니다. 편집자, 교정자, 인쇄소는 물론 출판사 직원들의 많은 협력이 있어야 가능한 일이다. 최근 '전자출판은 저자만 있으면 책을 만들 수 있다.'는 광고 문구를 자주 보게 되는데, 정말 아무것도 모르고 하는 소리다. 관계자들의 존재를 인식하지 못하는 사람은 그 사람의 인품과는 별개로 다른 사람들에게 시야가 좁은 사람처럼 비춰지게 되는 것이다.

부자가 되는 것을 목적으로 삼지 않았다

이 동화에서는 감사의 마음을 담아 남은 음식물을 물고기에게 나눠줬던 주인공에게 상이 주어진다. 그러나 주인공이 대가를 기대하고 한 행동은 아니었다. 오히려 그가 욕심이 없었기 때문에 그렇게 큰 상을 받을 수 있었다고 생각한다.

대부분의 성공한 사람들도 마찬가지였다. 예를 들면 한 유명 밴드에게 '어째서 자신들이 인기를 얻게 되었다고 생각하는가?' 라고 질문한 적이 있었다. 그러자 다음과 같은 답이 돌아왔다.

"인기를 얻는 것 자체를 목적으로 하지 않았기 때문이다. 사실 인기를 얻는 것은 음악활동을 하는 목적이 아니다. 무엇이 목적이냐고 묻는다면 우리들이 만든 음악을 사람들이 즐겁게 듣는 것이다. 인기를 얻게 되느냐 마느냐는 결과일 뿐이다. 인기를 얻으면 성공한 것이고 인기를 얻지 못하면 실패한 것이라고 생각한 적도 없다. 그럼에도 불구하고 처음부터 인기를 얻는 것을 목적으로 한다면 그것은 음악활동이 아니라 단순한 돈벌이로 전락하고 말 것이다."

저친구들
노래엔 영혼이
없어! 뜨고싶은
욕망만 가득~
...

기업가 중에서도 이와 비슷한 말을 하는 사람이 있었다. 사업에 성공해서 부자가 되긴 했지만 자신이 처음부터 부자가 되는 것을 목적으로 하지는 않았다는 것이다. 그의 목표는 세상을 좀 더 편리하게 만드는 것이었고, 그것으로 사회에 도움이 되는 것이었다. 그것을 목표로 삼았기 때문에 사업을 크게 확장할 동기부여가 되었다고 한다.

단지 자신을 위해 성공을 꿈꾸고 부자가 되기를 갈망하는 사람을 응원하고 싶지 않은 마음은 인지상정이다. 그런 이기적인 의도로는 사람들의 마음을 움직일 수 없을 뿐더러 좋은 성과도 낼 수 없기 때문이다.

만약 누군가를 기쁘게 해 주기 위해 꾸준히 노력하는 사람이라면 어떨까? 이 책에서 반복해서 말하고 있는 인간관계의 비결은 결국 거기에 있다.

CHAPTER 5

일이 잘 풀리게 도와주는 7가지 이야기

읽는 것만으로도 마음가짐을 확 바꿔주는 동화

1

도시 쥐와 시골 쥐

자신의 행복은 자신이 결정한다

도시에 사는 쥐가 시골 쥐의 집에 초대받았다. 그런데 대접한다고 나온 음식은 눅눅한 보리와 옥수수 뿌리뿐이었다.

"너는 매일 이런 것만 먹고 사니? 정말 어렵게 사는구나!"

도시 쥐는 어이없다는 듯 말을 이었다.

"내가 사는 집에서는 빵이랑 치즈도 마음껏 먹을 수 있어."

이번에는 시골 쥐가 도시 쥐의 집으로 가서 맛있는 것을 실컷 먹기로 했다.

도시 쥐가 사는 집 식당 테이블 위에는 정말로 빵과 치즈, 고기와 케이크 등이 산처럼 쌓여 있었다.

"와, 엄청나다."

그런데 시골 쥐가 큰 치즈에 막 손을 뻗으려고 하는 찰나, 쾅

하고 식당 문이 열리더니 주인 여자가 식당 안으로 들어왔다. 두 마리 쥐는 놀라서 벽에 난 구멍에 재빨리 몸을 숨겼다. 한참 만에 주인 여자가 식당 밖으로 나가자, 쥐들은 다시 테이블 위로 올라갔다. 그런데 다시 요란하게 문이 열렸다. 이번에는 주인 남자가 고양이를 대동하고 식당 안으로 들어섰다.

"위험해, 얼른 숨어!"

두 마리 쥐는 또 다시 서둘러 구멍 안에 숨었다. 시골 쥐는 고양이 울음소리가 들려오자 무서워서 몸이 덜덜 떨릴 정도였다. 다행히 고양이는 쥐들을 알아채지 못한 것 같았다.

도시 쥐는 구멍에서 나오면서 말했다.

"다른 방에도 먹을 게 잔뜩 쌓여 있어. 가자."

하지만 시골 쥐는 고개를 흔들었다.

"아무리 맛있는 게 많이 널려 있어도 항상 이렇게 목숨을 걸어야한다면 난 사양할래."

시골 쥐는 그 집을 빠져나오자마자 뒤도 돌아보지 않고 시골로 돌아갔다.

편협한 가치관으로 사물을 판단하지 않는다

마지막 장의 테마는 마음가짐이다. 수많은 사람들을 취재하면서 일은 물론 인생 전반에 걸쳐서 '잘 풀리는 사람'의 태도에는 공통점이 있다는 것을 알게 되었다.

이번 장에서는 책을 끝맺음하는 장에 걸맞게 읽는 것만으로 마음가짐을 바꿀 수 있는 비장의 7가지 이야기를 엄선했다.

첫 이야기로 이 동화를 꺼내 든 것은 내 경험과도 무관하지 않은 '행복'의 정의에 대해 생각해 보고 싶었기 때문이다. 대학 졸업 후 맨 처음 들어간 대기업을 그만두고 다른 회사로 이직했을 때, 규모가 꽤 큰 파티에 초대된 적이 있었다. 거기에서 처음 만난 사람에게 내가 무슨 일을 하는 사람인지 이야기를 하자, 갑자기 태도가 달라졌다. 당시 나는 이직한 지 얼마 되지 않아서 큰 프로젝트를 맡지 못하고 작은 구인광고 하나를 만들고 있었다. 내 입장에서는 아무런 불만도 없었고 열심히 하기에 어울리는 일이었지만 그의 얼굴에는 이렇게 쓰여 있는 것 같았다.

'고작 그런 변변찮은 일이나 하려고 대기업을 그만둔 거야?'

당시 큰 은행에 근무하고 있던 그의 표정 변화를 지켜보면서 나는 내 일이 무시당한 것 같아서 상당히 불쾌했다. '언젠가는 이런 인간들에게 보란 듯이 복수해 줘야지!' 나도 모르게 이런 생각을 했다. 그 후, 그가 근무했던 은행은 합병을 거듭하고 은행 이름도 여러 번 바뀌는 등 우여곡절을 겪어야 했고, 그 과정에서 지금은 그가 어떻게 지내고 있는지도 알 수 없게 되었다.

하나의 잣대, 좁은 가치관으로 모든 것을 판단하려고 하면 남의 신용을 잃기 쉽다. 판단 당하는 입장에서 보자면 정말로 쓸데없는 오지랖이다. 자신의 편협한 생각으로 남의 직업을 함부로 재단하거나 무시해서는 안 된다.

행복에 대해 명확하게 정의하라!

한편 도저히 자신의 일에 자신감을 갖지 못하는 사람도 있다.

'좀 더 괜찮은 곳이 있는 게 아닐까? 좀 더 좋은 일이 기다리고 있지 않을까? 좀 더 나은 경험을 할 수 있지 않을까?'

하지만 언뜻 겉으로 보기에는 좋아 보이는 일도 자신에게 딱 맞는 일이라고 함부로 장담할 수 없다. 자신에게 맞기는 커녕 오히려 괴롭고 힘든 일일 수도 있다.

반대로 누가 뭐라고 해도 '이건 괜찮은 일이야!'라고 생각하고 당당하게 살아가는 사람들도 있다. 그들은 자신의 모습이 세상 사람들에게 어떻게 비치든, 설령 꼭 존경의 대상이 되지 않더라도 전혀 개의치 않고 스스로에게 만족하며 살고 있다. 자신에게 행복에 대한 뚜렷한 기준과 확신이 있기에 옆에서 누가 뭐라고 하든 전혀 신경 쓰지 않는 것이다.

수많은 성공한 사람들을 인터뷰한 결과 한 가지는 확실히 말할 수 있게 되었다. 행복은 본인이 손에 넣는 것이지 다른 누군가가 내 손에 행복을 쥐어주는 것은 아니라는 점이다.

다시 말하면, 행복한지 아닌지는 자신이 결정하는 것이다. 주변 사람들에게 어떻게 비치든 자신이 행복하다고 느끼면 행복한 것이다. 왜냐하면 다른 누구도 아닌 본인 스스로가 그렇게 생각하고 있기 때문이다!

가장 위험한 것은 행복에 대한 확고한 신념을 갖지 못한 채 막연히 행복을 추구하는 것이다. 이런 경우에는 자신보다 다른 사람에게 비쳐지는 모습에 집착할 수밖에 없게 된다.

'행복이란 도대체 무엇인가?'에 대한 자기 생각이 확실하지도 않은데 어떻게 자신이 행복해질 수 있겠는가?

막연한 것은 손으로 잡을 수가 없다. 행복의 본질이 이와 같다는 것을 잘 이해하고 마음에 새겨야 할 것이다.

2
사자와 코끼리와 신

고민과 불안감은 누구나 가지고 있다

사자가 신에게 말했다.

"신이 나를 이렇게 아름답고 위엄 있는 모습으로 만들어 주신 것에 감사 드립니다. 특히 이렇게 강하고 튼튼한 몸은 나조차도 반할 정도입니다. 하지만 딱 하나 아쉬운 점이 있습니다. 남 부끄러워서 아무에게도 말도 못한 이야기입니다. 저는 닭이 너무 무섭습니다."

사자의 말에 신은 이렇게 대답했다.

"동물의 왕이라는 자가 그런 일로 끙끙 앓고 있다니 한심하구나! 누구에게나 약점은 있는 법이다. 그 약점을 극복할 수 있는 정신력을 길러라. 닭을 무서워하는 것은 네 마음의 문제이니라. 코끼리에게 가서 얘기를 한번 나눠 보도록 해라."

사자는 한층 더 우울해졌다. 겉모습은 훌륭해 보여도 마음은 약하기만 한 겁쟁이 같은 자신의 모습이 스스로도 한심하게 여겨졌다. 그래도 사자는 신이 말한 대로 코끼리에게 가보기로 했다. 코끼리는 부지런히 귀를 움직이며 모기를 쫓고 있었다. 모기들을 쫓으며 코끼리는 이렇게 혼잣말을 하고 있었다.

"이놈의 모기들 때문에 미치겠군! 이놈들이 귀 안에 들어가 어디 한 군데라도 무는 날엔 끝장이야!"

코끼리의 말에 사자는 갑자기 기운이 났다. 저렇게 위풍당당하고 몸집이 큰 코끼리도 작고 보잘 것 없는 모기 한 마리를 두려워하고 있었기 때문이다.

성공해도 불안과 고민은 사라지지 않는다

나는 오랫동안 프리랜서로 일하고 있다. 프리랜서는 일과 관련해서 불안정함의 대명사이다. 실제로 언제 일이 끊길지 몰라 항상 불안한 마음을 안고 살아야 한다. 그래서 성공한 사람들에게 항상 묻고 싶은 말이 있었다. 이런 불안한 마음을 어떻게 하면 이겨낼 수 있을지 그 방법이 궁금했다.

민간인 출신으로 장관직에까지 올랐던, 전직 관료 출신이면서 작가인 인물이 있다. 대단한 경력의 소유자인 이런 사람도 과연 불안감을 느낀 적이 있는지 궁금했다. 그에게서 돌아온 대답은 생각보다 간단했다. 그 역시 젊었을 때부터 줄곧 불안감을 느끼고 있었고, 지금도 마찬가지라는 것이다. 어떤 상황에서도 불안한 마음은 사라지지 않는다고 그는 단언했다.

수십 년 동안 TV 정규 프로그램을 맡고 있는 예능계 거물 여성 방송인에게도 마찬가지 질문을 했다. 그녀에게서도 역시 비슷한 답변이 돌아왔다.

"언제 일이 끊길지 모른다는 불안감을 항상 느끼고 있어요."

아무리 성공한 사람이라도 이런 불안감과 고민에서 자유로운 사람은 없었다. 이것은 거의 진리에 가까운 말이다. 한 분야에서 성공을 거뒀다고 해도 그 시점에서 또 다른 불안과 고민이 엄습해 온다.

누구에게나 콤플렉스와 고민거리는 있다. 중요한 것은 그것을 없애려고 할 것이 아니라 그것과 어떻게 더불어 잘 지낼까 하는 것이다.

약점을 인정하고 공개할 수 있는 강인함

특히 약점과 고민에 관한 재미있는 이야기를 해주던 경영자가 있었다. 그는 모든 것을 '그대로 인정하고 받아들여라.'라고 말했다.

예를 들면, 프리랜서여서 불안하다는 고민에서 벗어나기 위해서는 프리랜서를 그만둘 수밖에 없다. 하지만 그렇게 한다면 본말이 전도되고 만다. 따라서 그러한 불안감까지도 포함해서 프리랜서라는 직업을 있는 그대로 받아들여야 한다는 것이다. 그는 직업이 가지는 불안감으로부터 도망치려고 할 게 아니라 정면에서 있는 그대로 받아들여야 한다고 말한다.

그는 또, 사람들을 만날 때에도 '프리랜서라는 불안정한 직업을 가져서'라고 차라리 적극적으로 표현하라고 충고한다. 감추려고 하거나 그 점에 주목받는 것을 싫어하면 불안감만 증폭시킬 뿐이라고 말한다. 불안감이란 원래 그런 거라고!

약점이나 결점이 있다면 그것을 깨끗하게 인정하고 적극적으로 받아들여라. 약점이나 결점으로부터 절대로 도망가지 말라. 그런 모습도 자신이라고 생각하고 받아들이고, 경우에 따라서는 차라리 남에게 공개해 버리는 것이 낫다.

그러나 누구나 그렇듯이 자신의 약점을 남에게 말하기란 쉽지 않다. 그렇기 때문에 자신의 약점을 숨기지 않고 공개해 버리면 오히려 남들이 대수롭지 않게 받아들여 주게 된다. 자신에게는 큰 고민거리였던 것이 남들 보기에는 의외로 별 게 아니었다는 것을 알게 되는 것이다.

3 당나귀와 개구리

별 것 아닌 일에 엄살 부리지 말라

장작을 가득 짊어진 당나귀가 늪을 건너고 있었다.

"어 어, 내 발."

당나귀는 늪 바닥의 진흙에 발이 걸려 넘어지고 말았다. 발이 진흙 속에 푹 빠져서 똑바로 일어설 수가 없었다.

"살려줘, 당나귀 살려. 이대로 빠져 죽기 싫어요."

당나귀는 큰 소리로 살려달라고 소리치며 울부짖었다.

당나귀의 울부짖는 소리를 들은 늪 안의 개구리들이 웃으면서 말했다.

"당나귀 씨, 미끄러져서 바닥의 진흙이 조금 묻었을 뿐이에요. 그 정도로 죽는다고 소리친다면 아무 일도 할 수 없어요. 일단 진정하시구요. 잠깐 쉬었다가 다시 한 번 일어나 봐요."

아주 잠깐 고생스러운 것을 야단법석을 떨며 엄살을 부리는 사람은 오랫동안 고생하고 있는 사람들에게 비웃음을 당할 뿐이다.

자신은 작은 세계에 살고 있었다

벤처기업에서 국제사업을 담당하는 한 사원이 재미있는 이야기를 들려줬다. 그는 일본의 유통회사에서 해외사업 경력이 있었고 비즈니스 스쿨을 수료하기도 했다. 그리고 창업실패의 아픔을 겪은 뒤에 그 벤처기업에 들어간 것이었다. 그 곳에서 그는 능력을 인정받아 국제사업을 담당하게 되었는데, 꾸준히 성과를 냈을 뿐 아니라 지지부진하던 해외거점 구축사업을 하나하나 실행해 갔다.

그런 그가 가장 소중하게 생각한 것은 가족이었다. 비즈니스 스쿨을 다니면서 가족의 소중함을 절실히 깨닫게 되었다고 한다. 당시 '자신의 인생에서 가장 중요한 것은 무엇인가? 우선순위를 매겨보라.'는 과제를 통해서였다. 새삼스럽게 가족의 소중함을 인식하게 된 것은 자기 인생의 큰 전기가 되었다고 말한다.

그런 그가 자신의 아이들에게 꼭 해주고 싶은 것은 자기가 지금까지 경험한 세계의 실상을 하나하나 전하는 것이라고 한다.

'세계는 어떻게 움직이고 있는가? 세계에서 무슨 일이 일어나

고 있는가? 세계는 어떤 가치를 가지고 있는가?'

앞으로 글로벌 사회를 살아가는 데 가장 위험한 것은 세계에 대해 잘 모르는 것이다. 작은 세계 안에서만 살고 있으면 사물과 현상의 참모습을 볼 수 없게 된다. 가능하면 더 크고 넓은 세계에 대해 탐구하려는 자세를 가져야 한다. 자신에게 보이는 세계는 정말 아주 작은 세계일 뿐이다.

괴로울 때는 '왜 하필 내가 이런 일을 겪어야 하지?'와 같이 생각하기 마련이다. 하지만 괴로운 상황에 처해 있는 사람은 자신 외에도 얼마든지 있다. 겉으로 드러내느냐 아니냐의 차이일 뿐이다. 더 넓은 세계를 알게 되면 그런 것도 자연히 이해하게 된다.

사실 같은 일을 겪어도 괴롭다고 생각하는 사람과 그렇지 않은 사람이 있다. 별 것 아닌 일로 엄살을 부리는 사람이 있는가 하면, 정말 힘든 일에 직면해도 묵묵히 견디는 사람도 있다. 넓은 세계를 인식하고 현실을 폭넓게 알게 되면 역경에 대한 생각도 달라진다.

비즈니스 서적도 좋지만 소설을 읽자

하지만 누구나 지구상의 이곳저곳을 둘러보고 다닐 수 있는 것은 아니다. 그러면 어떻게 넓은 세계를 알고 현실을 폭넓게 이해해서 진정한 고난을 알 수 있을까?

그 한 가지 방법이 소설을 읽는 것이다. 소설을 읽는 것은 다른 인생을 체험하는 것이라고 말한 경영자가 있었는데, 정말 그렇다. 소설을 통해 자기가 본 적도 들은 적도 없는 세계와 사람들의 모습을 들여다 볼 수 있다. 그로 인해 다양한 인생을 경험할 수 있게 된다. 기쁨도 맛볼 수 있고 고난도 맛볼 수 있다. 두근거림도, 슬픔도, 쓸쓸함도 간접적으로 느낄 수 있다. '인간 세상에는 이런 세계도 있구나!' 라는 것을 알 수 있게 된다.

많은 비즈니스 서적을 쓰면서 추천하고 싶은 책이 있느냐는 질문을 자주 받는다. 그때 나는 반드시 소설이나 논픽션 장르의 책을 추천한다. 그런 장르의 책에는 비즈니스 서적처럼 간단하게 답이 적혀 있는 것은 아니다. 하지만 그 때문에 더 오랫동안 마음에 여운이 남고 각자 자기 나름의 해답을 찾을 수 있다. 또한 생각지도 못한 깨달음을 얻을 수도 있다.

어떤 작가는 작가가 되는 과정에서 겪었던 수많은 고생에 대해서 '그런 고생은 진짜 고생이 아니다.'라고 말했다고 한다. 아마도 소설 세계 속에서 많은 고생을 맛보았기 때문이 아닐까?

폭넓게 다양한 세계를 경험해봐야 한다. 그렇게 하면 자신이 현재 겪고 있는 고통 따위는 별 게 아니라는 것을 알게 된다. 그 깨달음이 인생을 크게 바꿔놓을 수 있다.

4

차 주전자

눈에 보이지 않는 것을 즐겨라

테이블 위의 주전자는 항상 자기 자랑을 하느라 정신이 없다.

"컵에는 손잡이가 달려 있고 설탕 통에는 뚜껑이 있어. 하지만 나는 둘 다 가지고 있단다. 게다가 차를 따르는 부리까지 나 있지. 나야말로 차 테이블의 여왕이야."

그런데 어느 날, 차 주전자는 바닥에 떨어져 손잡이와 부리가 떨어져 나가 버렸다. 더 이상 쓸모가 없어진 차 주전자는 부엌 구석자리로 치워지는 비참한 신세가 되었다.

그러나 그게 끝이 아니었다. 어느 날 차 주전자에게 상상하지도 못했던 멋진 반전이 일어났다. 차 주전자 안에 흙이 채워지고 그 안에 꽃씨를 품게 된 것이다. 꽃씨는 이윽고 싹을 틔워서 예쁜 꽃을 피웠다.

"세상에, 내가 이렇게 예쁜 꽃을 피웠다니!"

차 주전자는 마음까지 온통 환해지는 것 같았다. 그런데 그때 사람들이 말하는 소리가 들렸다.

"이 꽃에는 좀 더 고급스런 화분이 어울릴 것 같아."

결국 꽃은 다른 화분으로 옮겨졌고, 차 주전자는 두 조각으로 갈라지고 말았다. 그렇게 차 주전자는 쓰레기처럼 버려졌지만 차 주전자가 간직한 추억만은 아무도 지울 수가 없었다.

형체가 없는 것에 집중해야 할 때이다

한 교사가 자신이 교사를 희망하게 된 것은 한신대지진이 계기였다고 말했다. 당시 대학입시를 앞둔 고등학생이었던 그는 지진 피해의 직격탄을 맞았다. 그의 집을 포함한 주변 이웃들의 집이 지진으로 큰 피해를 당했고, 그로 인해 그는 큰 충격을 받았다. 그때 안부를 확인하기 위해 전화를 걸어온 학교 선생님으로부터 이런 말을 들었다고 한다.

'이럴 때일수록 공부해야 한다. 고베 거리는 큰 지진으로 폐허가 되었다. 형체가 있는 것은 언젠가는 무너진다. 그것은 어쩔 수 없는 일이다. 하지만 배우고 익힌 것은 결코 사라지지 않는다. 그러니 이럴 때일수록 무엇보다 중요한 것은 열심히 공부하는 것이다.'

선생님의 말에 깊은 감명을 받은 그는 더욱 공부에 매진하여 훗날 교사가 되었다. 그리고 동일본 대지진을 계기로 학문의 소중함을 아이들에게 일깨우기 위해 지진 피해지역으로 이주했다. 그는 지금 아이들에게 그때 자신이 선생님에게 들었던 것과 똑같은 말을 전하고 있다고 말해 주었다.

어쩌면 큰 재해가 있을 때마다 많은 사람들이 비슷한 깨달음을 얻고 있는지도 모른다. 확실히 형체가 있는 것은 언제든 망가질 수 있다. 하지만 인간이 축적해 온 지식과 지혜는 영원히 사라지지 않는다. 그리고 망가진 것들조차 지식과 지혜의 힘으로 다시 일으켜 세울 수 있다.

지금은 한신 대지진에서 큰 피해를 입었던 거리도 재건되었다. 그것은 많은 사람들이 쌓아온 지식과 지혜의 힘으로 가능한 것이었다.

행복도가 낮은 이유

'우리의 문제점은 아직도 형체가 있는 것에만 가치를 인정하는 풍조에 있는 것이 아닐까?'

미국의 싱크탱크인 '뷰 리서치센터'가 2014년에 세계 각국의 '행복도'를 조사했다. 43개국 국민들을 대상으로 생활에서 느끼는 만족도에 대해 앙케이트 형식으로 조사한 것인데, '일본인의 행복도'는 선진국 중에서도 최하위였다. 한국과 이탈리아보다 더 낮았을 뿐만 아니라 신흥국인 인도네시아보다도 낮았다.

한 평론가는 '사람들은 고도성장기 때의 3종의 신기계(텔레비전, 냉장고, 세탁기를 지칭)가 그랬던 것처럼 집 안에 가구가 느는 만큼 행복해진다고 착각하고 있는 건 아닌가?' 하는 생각이 든다고 말한다.

사실상 이제 집안에 더 이상 들어올 가구는 없다. 가정마다 필요한 최소한의 가구는 대부분 모두 갖추고 있다. 더 이상 행복을 가져다 줄 것 같은 가구는 어쩌면 이제 없는지도 모른다. '형체가 있는 것'은 이제 더 이상 사람을 행복하게 만들어 주지 않는다.

그러면 이제 무엇을 추구할 것인가?

형체가 있는 것이 아닌 형체가 없는 것에 집중해야 할 때이다. 즐거운 경험과 추억에 돈을 써야 한다. 세계 3위의 경제력에도 불구하고 일본인의 경우 이런 일에 아직 익숙하지 않기 때문에 행복도가 낮게 나왔는지도 모른다.

최근에는 젊은 사람들을 중심으로 '형체 있는 것'을 멀리하는 현상이 일어나고 있다. 하지만 단순히 그렇게 한다고 행복해지는 것은 아니다. 중요한 것은 '형체 없는 것'에 시간과 돈을 투자하는 것이다. 그렇다고 단순히 '물건을 사들이는 데에는 이제 돈을 쓰지 않겠다.'는 식으로 극단의 생각을 가진다면 이번에는 경제가 점점 침체되어갈 것이다.

5

여우와 고양이

자신의 몸을 지키는 진정한 방법은?

어느 날, 숲 속에서 고양이와 여우가 만났다. 고양이는 조심스럽게 여우에게 말을 걸었다.

"숲에서 제일 현명하시고 모르는 게 없는 여우님! 먹을 것이 별로 없을 때는 어떻게 생활해야 합니까?"

여우는 고양이를 빤히 쳐다보고는 무시하는 말투로 이렇게 말했다.

"그런 시시껄렁한 질문을 하는 놈이 누군가 했더니 항상 쫄쫄 굶고 다니는 고양이구나! 그래, 너는 가진 재주가 몇 개나 있느냐?"

"기껏해야 겨우 하나 있습니다."

고양이는 시선을 아래에 둔 채로 계속해서 다음과 같이 대답했다.

"개에게 쫓길 때 나무에 올라가는 재주입니다. 개는 나무를 못 오르니까 그렇게 하면 살 수 있거든요."

"겨우 그거 하나뿐이냐?"

여우는 어이없다는 표정을 지으며 이어서 말했다.

"나는 100개도 더 되는 재주를 가지고 있단다. 게다가 비장의 무기인 '꾀주머니'도 있지. 고로 난 어떤 위험이 닥치더라도 빠져나갈 구멍이 많단 말씀이야!"

여우는 얼굴을 빳빳이 들고 자신만만한 표정을 지었다.

바로 그때였다. 한 사내가 개 네 마리를 이끌고 숲으로 들어왔다. 고양이는 재빨리 옆에 있던 나뭇가지 위에 올라가 몸을 숨겼다. 하지만 나무에 오르는 재주를 가지지 못한 여우는 어떻게 해야 할지 몰라 우왕좌왕하다가 그만 개들에게 포위당하고 말았다.

"여우님, 꾀주머니가 많다고 하지 않았어요? 당장 꾀주머니를 열어 보세요. 도망가는 방법 정도는 알고 있는 거죠?"

고양이가 나무 위에서 소리쳤다. 하지만 여우는 결국 개들에게 잡히고 말았다.

"100개가 넘는 재주를 가지고 있다고 떠벌려놓고 저렇게 당하다니! 나처럼 나무 오르는 재주 하나만 가졌어도 목숨은 구했을 텐데, 참 안타깝네!"

자신을 성장시킬 수 있는 회사에 입사하라

당장 필요할 때 사용할 수도 없는 재주를 아무리 많이 가지고 있어봐야 소용이 없다. 지혜를 가지고 있기만 하고 행동할 용기가 수반되지 않는다면 정작 중요한 때에 자신에게 아무 도움이 안 된다. '여우와 고양이'는 이런 교훈을 얻을 수 있는 동화다.

두 번이나 이직한 경험이 있는 한 경제 평론가에게 지극히 본질적인 직업선택 방법에 대해 물어봤다. '대학교를 갓 졸업해 입사할 때 어떤 업계의 어떤 회사를 선택하면 좋은지'라는 질문에 대해 그가 한 대답의 요지는 다음과 같다.

'무엇보다 중요한 것은 평생 살아갈 수 있을 만큼의 능력을 길러주는 회사에 가는 것이다. 다시 말하면 성장할 기회를 계속 얻을 수 있는 회사를 말한다. 반대로 가장 위험한 곳은 할 일이 별로 없는 한가하고 안정된 회사, 연공서열로 승진할 수 있는 회사이다. 그런 회사에 들어가면 성장은 바랄 수 없다. 만약 그 회사에서 갑작스런 해고를 당했을 때는 어떻게 할 것인가? 제대로 능력을 키우지 않은 사람을 받아 줄 회사는 어디에도 없다.'

지금은 '안정된 직장의 대명사'로 여겨지던 은행들이 파산하고 오랜 역사를 자랑하던 회사들도 언제 부정부패에 연루되어 회사경영에 타격을 받을지 모르는 시대이다. 불과 몇 년 전만 해도 잘 나가던 기업이 갑작스런 경영악화로 대규모 인원감축을 할 수밖에 없는 상황에 내몰리기도 한다.

안정된 회사를 추구하는 것만큼 불안정한 일은 없다. 따라서 차라리 '안정된 회사보다는 자신을 성장시켜줄 회사로 가라'고, '어떤 상황에서도 살아갈 수 있는 기술을 익히게 해주는 회사를 선택하라'고 그는 말한다.

긴 인생 여정을 생각하면 한 회사에서 정년까지 근무하는 일은 이제 찾아보기 힘든 일이 될 것이다. 그래서 앞으로는 안정적인 회사를 추구하지 않는 것이 결과적으로 더 안정적인 삶을 가져다줄지도 모른다.

고난과 시련을 행운이라 생각하라

고난과 시련은 가능하면 피하고 싶어 하는 것이 보통 사람들의 마음이다. 고난과 시련을 바라는 사람은 없다. 하지만 고난과 시련이 오히려 행운이었다고 말하는 사람이 있다. 그 주인공은 조 단위의 매출을 올리는 회사를 만들어낸 유명 기업가이다.

그는 중학교 입시에 실패하고 결핵을 앓았으며, 공습으로 모든 것을 잃었는가 하면 경제 불황으로 취직을 하고 싶어도 일자리를 찾기 어려운 시절을 살아내야 했다. 그래서 한때는 '내 인생은 어째서 뭘 해도 잘 안 풀리는가?' 하고 한탄도 했다고 한다.

하지만 애써 고난과 시련에서 빠져나오려 하지 않겠다고 마음을 고쳐먹은 순간 새로운 인생의 전기를 맞게 되었다고 한다.

"고난과 시련이야말로 인간을 높은 차원으로 성장시켜주는 자양분이다. 역사상 위대한 사람들은 모두 혹독한 시련을 겪었다. 쓰라린 경험을 많이 겪을수록 사람은 크게 성장하게 된다. 내가 행운이었다고 말한 것은 고난을 겪을 수밖에 없는 상황에 내던져졌기 때문이다."

"시련이 찾아왔을 때에는 오히려 행운이라고 생각하는 게 좋아요. 생각대로 안 되는 일이 생기더라도 긍정적으로 생각하는 거죠. 언뜻 불행해 보이는 일도 반드시 불행이라고만은 볼 수 없으니까요. 그것 역시 자신의 인생이라고 받아들이고 주어진 환경 속에서 긍정적으로 살아가면 오히려 역경을 딛고 올라서는 과정에서 큰 수확을 얻을 수도 있어요. 그래도 아무런 역경이 없는 편안한 삶이 좋다고 생각할지도 모르지만, 속는 셈치고 고난을 정면으로 한번 대면해 보세요. 고난과 시련이 주는 의미는 나이를 먹을수록 깨닫게 될 것입니다."

지금 잘 되는 일만이 긴 인생에 플러스가 되는 것은 아니다. 오히려 지금의 고통이야말로 훗날 더 소중한 가치로 여겨질 가능성이 크다.

당신은 지금 나무에 기어오르는 기술 하나라도 가지고 있는가?

6

가난의 신과 복의 신

돈은 인생을 즐기는 사람에게 따라온다

찢어지게 가난한 남자가 있었다. 그의 집에 가난의 신이 살고 있었기 때문이었다.

힘든 생활을 옆에서 지켜 본 마을 사람들은 남자에게 신부를 구해 주었다. 신부는 부지런해서 아침부터 밤까지 열심히 일했다. 그런 신부의 영향으로 남자도 더 열심히 일을 했고, 가난의 신은 더 이상 그 집에서 살 수 없게 되었다.

어느 해 마지막 날, 부부가 음식을 장만하며 새해를 맞을 준비를 하고 있는데 천장에서 누군가 훌쩍거리며 우는 소리가 들려왔다. 그 울음소리의 정체는 다름 아닌 가난의 신이었다.

"내일이면 복의 신이 오기로 되어 있어서 전 그 전에 이 집을 나가야 해요."

딱한 사정을 들은 부부는 가난의 신에게 지금까지처럼 계속 있어도 된다고 말했다. 가난의 신은 이번에는 너무 기뻐서 기쁨의 눈물을 흘렸다.

재야의 종이 울리자 복의 신이 찾아와서 가난의 신을 강제로 밖으로 끌어내려고 했다. 가난의 신과 복의 신이 힘겨루기가 시작됐고, 가난의 신이 힘이 부족해 조금 밀려나자 부부가 가난의 신에게 힘을 보태어 복의 신을 집 밖으로 쫓아내 버렸다.

놀란 것은 복의 신이었다. '복과 부를 안겨주는 나를 환영하지 않는 곳이 있다니!' 기가 막힌 복의 신은 머리를 갸우뚱거리며 하는 수 없이 왔던 길을 되돌아갔다.

가난의 신이 계속 머물게 된 집은 부자가 되지는 못했지만, 그럼에도 불구하고 부부는 행복하게 잘 살았다.

부자가 되면 행복해질 수 있을까?

성공한 사람들을 취재하면서 꼭 물어보고 싶었던 것이 '돈에 대해 어떤 생각을 가지고 있는지'였다.

그것도 '돈을 많이 벌려면 어떻게 해야 하는가? 부자가 되기 위해서 필요한 것은 무엇인가?'와 같은 기술적인 것보다 '돈이란 도대체 무엇인가? 부자가 되면 생각이 어떻게 달라지는가? 기본적으로 돈에 대해 어떻게 생각하면 좋은가?'와 같은 돈에 대한 마음가짐을 알고 싶었다.

많은 사람들의 공통된 답변은 돈과 행복과는 큰 상관관계가 없다는 생각지도 못한 의외의 답변이었다. 훌륭한 집에 살고 원하는 것이 있으면 무엇이든 살 수 있다는 것은 남들이 보기엔 부럽기 그지없는 생활이다. 하지만 실제로 그런 생활을 하다보면 모든 것이 당연하게 여겨질 뿐 더 이상 아무런 감흥도 없게 된다. 물질적인 풍요에 대한 만족감은 원래 얼마 못 가는 법이다. 이것은 과학적으로 증명되어 '한계효용 체감의 법칙'으로 불리고 있다.

가령, 처음 원하는 시계를 샀을 때 느꼈던 만족감을 두 번째 시계를 샀을 때는 느낄 수 없다. 추가로 새 시계를 사면 살수록 만족감은 점차 줄어들기 때문이다. 물질의 소비란 원래 그런 것이다.

한 평론가는 '거액의 자산을 가진 사람이 오히려 더 불행할 수도 있다.'라고 말한다. 언제든 무엇이든지 살 수 있다고 생각하면 원하는 게 없어진다고 한다. '그게 과연 행복한 인생일까?'라고 그는 반문한다.

행복해지기를 원한다면 돈에 대한 과도한 기대는 버려라! 돈에 대한 기대감이 클수록 막상 많은 돈을 손에 넣었을 때 허탈감도 커질지 모를 일이다.

돈을 즐겁게 사용하라

돈과 관련해서 또 한 가지, 많은 성공한 사람들이 강조하는 것은 돈에 집착하지 말라는 것이다. 돈이라는 것은 찾아다닐수록 도망가 버린다. 돈은 돌고 돌다가 때가 되면 알아서 오는 것이지 찾으러 간다고 해서 오는 것은 아니라고 한다.

금융계에서 억 단위의 보수를 받는 영업담당자들을 취재한 적도 있는데, 그들은 의외로 겉보기에는 그 정도의 보수를 받는 사람같이 보이지 않았다. 오히려 '어, 이 사람이 정말 억대 보수를 받는 사람 맞아?'라는 생각이 들 정도로 평범한 분위기의 사람들이 많았다.

'보수란 고마움에 대한 결과'라고 말하는 사람도 있는데, 정말 그런 것 같다. 일은 누군가에게 도움이 되기 위해 존재하기 때문이다. 감사 받을 일을 한 것도 없는데 높은 보수를 받는다면 그게 오히려 이상한 일일 것이다.

돈에 대해 재미있는 이야기를 들려준 패션 업계 출신의 정치가가 있었다. 그에 따르면 돈에 집착하지 말라는 말은 돈을 즐겁게 사용하라는 의미라고 한다. '돈을 쓰는 것을 아끼기만 하고 인생을 즐기지 않는 사람들에게 돈은 가지 않는다.'는 게 그의 지론이다.

"돈은 외로운 곳을 싫어하고 즐거운 곳을 좋아합니다. 따라서 즐겁지 않은 곳에 돈은 가지 않습니다. 운도 마찬가지예요. 자기에게 온 운을 아낌없이 남에게 양보하는 사람에게 더 많은 운이 찾아가는 법이지요."

그러고 보니 '돈은 원래 돌고 도는 것'이라는 말도 있다. '쓰지 않으면 오지 않는다.'는 말은 경제에 대해 조금이라도 아는 사람은 이해가 갈 것이다. 자기 지갑은 굳게 닫은 채 불경기를 탓하는 것은 본말이 전도된 이야기이다.

많은 성공한 사람들의 가르침 덕분에 나는 가능하면 돈을 많이 쓰려고 한다. 그런다고 그만큼 돈이 많이 모였는지는 모르겠으나, 신기하게도 내가 사용한 만큼의 돈은 그때그때 확실히 들어온 것 같다.

7
행복과 불행

완전히 다 채우지 않는 방법

행복은 불행보다 약한 존재이다. 수적으로도 불행의 수가 더 많은 탓에 행복은 불행에게 쫓겨나 하늘로 올라가서 신에게 물었다.

"어떻게 하면 인간들을 행복하게 해 줄 수 있습니까?"

신은 대답했다.

"한꺼번에 몰려다니지 말고 따로따로 가되, 천천히 가거라."

그 때문에 수적으로 많은 불행은 연이어서 인간들을 덮치지만 행복은 하늘에서 한 번에 하나씩 천천히 내려오게 되었다고 한다. 그러므로 불행이 닥치더라도 절대 희망을 잃어서는 안 된다.

큰 행복은 길게 이어지지 않는다

완전히 행복한 상태로 계속 지내는 것이 얼마나 어려운 일인지 굳이 설명할 필요도 없을 것이다. 입학을 해도, 취직을 해도, 결혼을 해도 그 기쁨을 오랫동안 계속 유지하는 것은 쉽지 않다. 일시적으로 큰 행복감을 느끼게 되더라도 얼마 지나지 않아 곧 걱정거리가 생기고, 어느 틈엔가 부정적인 생각이 하나 둘 비집고 들어온다.

20년 이상 예능계에서 계속 활약해 온 인기 탤런트가 재미있는 이야기를 했다. 그는 항상 뭔가 몇 퍼센트 부족하도록 스스로 상황을 연출한다는 것이다. 완전히 만족하게 되면 더 이상 노력하지 않게 되고, 더 이상의 성장도 기대할 수 없게 되며, 착각에 빠질 우려도 있기 때문이라고 한다. 그래서 굳이 몇 퍼센트 부족한 상황으로 자신을 몰아넣었다는 것!

그렇게 하게 된 계기는 젊은 시절 밑바닥부터 시작해 조금씩 인기를 얻어 생활이 나아지기 시작했을 때였다고 한다. 평소 간절히 원하던 자동차를 어렵게 살 수 있게 되었는데 정작 자신이 사는 아파트에 주차장이 없더라는 것이다. 그 뒤로도 우리 생활 속에서 이와 같은 일들이 반복되고 있다는 것을 알게 되었다고 한다. 뭔가 손에 넣으면 또 다른 뭔가가 부족해지게 된다는 사실을 깨달은 것이다. 그 후로 그는 항상 이 사실을 잊지 말자고 다

짐했다. 즉 완전한 행복을 바라지 않는 것이다. 굳이 스스로 뭔가 조금씩 부족한 여지를 남겨두려고 하고, 의식적으로 그런 상황을 만들어 스스로 제동을 걸면 앞으로 더 큰 행복이 주어질 것이라는 식의 자기 암시를 하는 것이다. 그 덕에 여전히 행복에 대한 기대감을 가질 수 있게 되는 것이다.

한 점술가도 말한다. 행복은 달과 마찬가지라고! 완전히 다 차게 되면 그 다음에 기다리는 것은 점점 기우는 일뿐이라고! 그러니까 완전히 충족되지 않도록 하는 게 낫다고!

다른 사람을 행복하게 하는 더 큰 행복감

사상 최연소로 주식을 상장시킨 기업가가 있었다. IT벤처 기업 사장인데 당시의 나이가 25세였다. 벤처기업은 많이 생겨나지만 성공할 가능성은 손에 꼽을 정도이다. 더구나 주식을 상장시킬 정도의 회사로 성장할 가능성이란 더욱 희박할 수밖에 없다.

취재를 가기 전에 내 머릿속에 떠오른 이미지는 어딘가 화려한 분위기를 풍기는 젊은 경영자의 모습이었다. 돈에 대해 강한 욕망을 가졌을 것도 같고 출세욕과 자기과시욕도 굉장할 것 같았다. 그런 사람이 아니라면 그와 같은 성공도 불가능했을 것이

달도 차면
기우나니
다음 행복을 위해
그릇을 조금
비워놓길…
…

라고 생각한 것이다.

그런데 막상 내 눈앞에 나타난 그의 모습은 놀랄 정도로 그저 평범한 청년이었다. 화려하기는커녕 그런 비슷한 분위기도 전혀 느낄 수 없었다. 도대체 그의 사업수완은 어디에서 나온 걸까? 성공확률이 낮은 기업 분야에서 그는 어떻게 성공했을까?

"남을 행복하게 하는 것보다 더한 행복은 없다고 생각합니다. 저는 남을 행복하게 하기 위한 사업에 매진해 왔을 뿐입니다."

생각지도 못했던 그의 대답에 깜짝 놀랐다. 하지만 그것은 그냥 하는 말이 아니었다. 실제로 기업 이념에도 그러한 취지의 말을 언급한 적이 있었다. 그런 기업 이념에 따라 그는 항상 다른 사람의 행복을 염두에 두고 기업을 경영해 왔던 것이다.

그때 들은 '사람들을 행복하게 해주기 위해 기업을 경영해 왔다.'는 말은 너무 인상적이어서 아직도 뇌리에서 사라지지 않고 있다. 그래서 성공한 사람들을 취재할 때마다 그 말과 연관해서 운을 떼 보았다. 재미있었던 것은 대부분의 성공한 사람들이 이 말에 민감하게 반응한 것이다. 그리고 사실은 그들 대부분이 비슷한 생각을 하고 있다는 사실도 알게 되었다.

이렇게 말하는 사람도 있었다.

"남을 행복하게 하는 것보다 더한 행복은 없다는 사실을 깨달은 사람일수록 일에서 성공을 거둔다."

그냥 듣기 좋은 말일 뿐이라고 생각할지 모르겠지만 우선 상대방의 행복을 생각해 보는 것에서부터 시작해 보면 어떨까?

자신의 행복을 생각해 주는 사람에게 매몰차게 대하는 사람은 없다. 그런 생각을 가지는 것만으로 세상의 풍경이 조금 다르게 보일 것 같은 생각이 든다.

| 나오며 |

이 책을 쓰기 위해 방대한 분량의 동화와 옛날이야기를 읽게 되었다. 긴 이야기, 짧은 이야기, 어려운 이야기, 간단한 이야기, 이미지하기 쉬운 이야기, 이미지하기 어려운 이야기…….

그렇게 많은 이야기들을 읽으면서 새삼 깨닫게 된 것이 있다. 그것은 일이 잘 안 풀릴 때란 어떤 때인가를 확실히 알게 된 것이다.

굳이 예를 들자면, 교만하거나, 욕심을 내거나, 자만하거나, 계산적이거나, 고민으로 끙끙 앓거나, 게으름을 피우거나, 자신을 과소평가하거나, 심술을 부리거나, 인색하게 굴거나 …… 등등이다. 한마디로 옳지 않은 일을 하려고 할 때는 어김 없이 항상 일이 꼬이게 된다는 것을 깨닫게 되었다.

또, 수많은 성공한 사람들을 인터뷰하면서 그들의 말에 공통점이 존재한다는 것도 알게 되었다. 성공을 이룬 사람들이 하나같이 강조하는 말은 "옳은 일이 아니면 결과가 좋지 않다."는 것이었다. '옳은 일을 하라니 그건 너무나 당연한 말이 아닌가?' 라고 생각할지도 모른다. 하지만 생각해보라. 그렇게 당연하게 여겨지는 일이라고 해서 언제 어디에서나 항상 옳은 일을 할 수 있는가? 그러지 못했던 일들이 머릿속에 떠오르지는 않는가? 이렇게 따져 보면 참 인간이란 간단하지 않은 존재라는 생각이 든다.

그래서 교훈을 주는 이야기가 존재하는지도 모른다. 옛날이야기가 잊혀지지 않고 오늘날까지 전해지는 것도 옳지 않은 일을 하면 그 결말 또한 한심하거나 불행하게 된다는 것을 상기시켜 주기 위한 것이 아닐까!

'옳은 일을 하라.'와 같은 너무 당연하고 유치한 말을 새삼스럽게 들어야 하느냐고 생각하는 사람도 있겠지만, 어느 작가는 다음과 같은 흥미로운 말을 남겼다.

"어른이기에 더욱 당연하고 유치한 말을 해주지 않으면 안 된다. 힘이 수반되지 않으면 당연하고 유치한 일을 할 수 없기 때문이다."

이 말 역시 옳다고 생각한다. 어른이 아니면 실현할 수 없는 당연함과 유치함이 있다. 그것을 추구하는 것도 충분한 의미가 있다. 특히 재미있었던 동화는 뭔가에 이끌리듯 행복으로 나아가는 힘을 느끼게 해 주는 이야기였다. 더욱이 내가 프리랜서로 일하고 있어서인지 우연과 인연이라는 것은 '그냥 우연히 그렇게 된 일'이라는 말로는 설명되지 않는 부분이 많은 것 같다. 내 경험에 비추어 봐도 마치 뭔가에 이끌리듯 가다보면 큰 기회나

도전할만한 뭔가가 기다리고 있었던 때가 한두 번이 아니었다.

그래서 어떤 우연도 소중히 여기고 즐기려고 하고 있다. 설령 그로 인해 생각한 대로의 결과를 얻지 못하게 되더라도! 그 부분까지 포함해서 의미가 있다고 생각하는 것이다. 실제로 우연에는 반드시 뭔가 의미가 있었다. 때로는 오랜 시간이 지나고 나서야 그것을 알게 되기도 한다.

많은 동화를 읽으면서 또 하나 재미있었던 점은 '지금의 행복을 즐겨라, 현재를 감사하라.' 는 메시지의 이야기들이 매우 많았다는 점이다. 살면서 정말 소중한 메시지임에도 우리는 그것을 쉽게 잊고 지낸다.

마지막으로 베스트셀러가 된《3천 명의 성공한 사람들의 말(成功者3000人の言葉)》에 이어 이 책의 편집을 담당해주신 아스카 신사(飛鳥新社) 출판사의 야지마 가즈오(矢島和郎)씨에게 진심으로 감사드린다.

조금이라도 더 많은 분들이 성공과 행복에 한발 더 다가가기를! 그리고 이 책의 동화와 옛날이야기에서 멋진 영감을 얻을 수 있기를!

2016년 3월

우에사카 도루(上坂徹)

고민해결의 실마리를 찾아가는
반전 동화

펴낸 날 | 1판 1쇄 2017년 4월 25일

지은이 | 우에사카 도루(上坂徹)
옮긴이 | 장윤정

펴낸곳 | 나무한그루
펴낸이 | 우지형
기 획 | 곽동언
디자인 | Gem
일러스트 | 방승조
인 쇄 | 하정문화사
재 본 | 도림바인텍

등 록 | 제313-2004-000156호
주 소 | 서울시 마포구 독막로 10, 성지빌딩 713호
전 화 | 02-333-9028
전 송 | 02-333-9038
이메일 | namuhanguru@empal.com

*책값은 뒤표지에 있습니다.
*잘못된 책은 구입한 서점에서 바꿔드립니다.

ISBN 978-89-91824-55-3 03320

이 도서의 국립중앙도서관 출판예정도서목록(CIP)은 서지정보유통지원시스템 홈페이지
(http://seoji.nl.go.kr)와 국가자료공동목록시스템
(http://www.nl.go.kr/kolisnet)에서 이용하실 수 있습니다.(CIP제어번호: CIP2017008666)